Greenwald

Manchmal kann ich Dich nicht ausstehen…

Dorothy und Bob Greenwald

Manchmal kann ich Dich nicht ausstehen...

Wie man trotzdem eine gute Ehe führt

ECON

Titel der amerikanischen Originalausgabe:
Learning to Live with the Love of Your Life
Original-Verlag: Harcourt Brace Jovanovich, New York
Übersetzt von Erika Remberg

1. Auflage 1983

Gesetzt aus der Garamond der Fa. Hell
Satz: Bauer & Bökeler Filmsatz GmbH, Denkendorf
Papier: Papierfabrik Schleipen GmbH, Bad Dürkheim
Druck und Bindearbeiten: Ebner Ulm
Printed in Germany
ISBN 3 430 13399 8

INHALT

Ein paar Worte vorweg

Dieses Buch handelt von unserer Ehe. Es ist eine gute Ehe. Sie bereitet uns Freude, Zufriedenheit, Spaß und Aufregungen. Unserer Ehe haben wir es zu verdanken, daß jeder von uns zu einer Persönlichkeit herangewachsen ist. Nach fünfzehn Jahren empfinden wir es immer noch als ein wunderbares Geschenk, zwei Tage zusammen allein sein zu dürfen.

Wir haben dieses Buch jedoch nicht geschrieben, um Ihnen zu sagen, was für großartige Menschen wir sind. Wir haben es geschrieben, weil wir gedacht haben, es könnte anderen Ehen helfen, könnte anderen Menschen helfen, verliebt zu bleiben. Wie oft haben wir die Verwandlung beobachtet, die zwei Menschen nach ihrer Eheschließung mitgemacht haben. Zwei Menschen beginnen als liebende und zärtliche Geschöpfe, sie möchten sich lieben und die Welt für den anderen schöner gestalten. Doch dann kehrt sich alles ins Gegenteil um.

Wann beginnen die Probleme? Und wie beginnen sie? Wann verwandelt sich die liebende junge Frau in einen zornigen Racheengel? Wann verwandelt sich der romantische Liebhaber in einen stereotypen Geschäftsmann, der anzurufen »vergißt«, daß er zwei Stunden zu spät zum Essen kommt? Wann und warum verwandelt sich das Zusammensein, einst von warmherziger Empfindung und ehrlichen Hoffnungen geprägt, in einen Alptraum verletzter Gefühle, ärgerlicher Gefühle und, was am schlimmsten ist, überhaupt keiner Gefühle?

Wie passiert das alles? Wir glauben, einige der Antworten gefunden zu haben. Vielleicht können unsere Anstrengungen, aus unserer Ehe einen Erfolg zu machen, anderen Menschen helfen. Aber wir haben daran gearbeitet. Nichts Magisches und Mystisches ist an unserer Ehe. Sie ist nicht immer einfach gewesen und nicht immer glattgegangen. Aber sie funktioniert.

Als wir dieses Buch schrieben, haben wir Dorothy zur Wortführerin erwählt, eigentlich nur aus Bequemlichkeit. Dieses Buch ist eine Gemeinschaftsarbeit. Die Probleme, über die wir sprechen, die Lösungen, die wir gefunden haben, sind ein lebendiger Teil unseres gemeinsamen Lebens.

Bobs Vater, ein altmodischer, angesehener Hausarzt, war der Ansicht: »Wenn jeder Mann nur einen Bruchteil seiner Anstrengungen, die er in den Erfolg seines Berufes investiert, in seine Ehe stecken würde, gäbe es viel mehr gute Ehen.« Die gleiche Anstrengung wird auch von der Frau erwartet. Jeder Mensch ist für die Güte seiner oder ihrer Ehe verantwortlich. Nur weil man sich verliebt und heiratet, lebt man noch lange nicht glücklich bis an sein Lebensende. Sich die Liebe zueinander zu erhalten verlangt Umsicht. Eine Ehe muß gehegt und gepflegt werden. Soll eine Ehe funktionieren, muß man hart daran arbeiten, aber wenn sie funktioniert, ist der Lohn gewaltig. Und davon handelt dieses Buch.

1. Mauern

Bob und ich sind seit fünfzehn Jahren verheiratet. Fast hätten wir es nicht geschafft. Und nicht nur einmal.

Was ist schiefgegangen? Wir haben Mauern aufgebaut, und wir wußten nichts von ihrer Existenz. Und wenn man nicht weiß, daß eine Mauer existiert, kann man sie auch nicht einreißen.

Vielleicht haben Sie Ihr eigenes Wort für die Mauer, für Bob und mich sind Mauern diese schrecklichen Barrieren, die von all den realen und unrealen Dingen, die zwischen zwei Menschen passieren, errichtet werden. Die Ziegel sind aus Zorn und Schmerz gebrannt, aus Mißtrauen und Kleinlichkeit, aus Dummheit und Albernheit. Mauern zerstören und entfremden auf die schlimmste Art und Weise. Sie können, umgeben von Höflichkeit und Verbindlichkeit, heranwachsen, ohne ein lautes Wort, ohne eine hochgezogene Augenbraue. Ihr Anwachsen kann Jahre dauern – oder einen einzigen Augenblick. In manchen Ehen werden sie nie eingerissen, weil ihr Fundament längst vergessen ist.

Mauern werden errichtet, wenn zwei Menschen aufhören, miteinander über ihre Gefühle zu sprechen. Als Bob und ich das Buch geschrieben haben, hatten wir diesem Kapitel den Arbeitstitel *Man muß miteinander reden* gegeben. Während der ersten Jahre unserer jungen Ehe bestand die schwierigste Aufgabe darin, über jedes unangenehme Gefühl zu sprechen, ob klein oder groß, und zwar in dem Augenblick, in dem es sich eingestellt hat oder zumindest dann sofort, wenn wir es bemerkt haben.

Nicht immer waren wir von Erfolg gekrönt. Viele Mauern haben wir errichtet, manche waren schwierig wieder abzutragen. Manchmal war die Ursache eine kindische Laune, manchmal auch eine fundamentale Angelegenheit, die bereinigt werden mußte, sollte unsere Ehe ein Erfolg werden.

Wir waren fünf Jahre verheiratet, als wir plötzlich vor einer dicken Mauer standen – eine von denen, die die Existenz unserer Ehe fundamental bedrohte. Wir hatten bereits so viele Probleme glücklich überwunden, daß wir selbstgefällig von unserer »harmonischen« Ehe sprachen. Und dann ist unsere harmonische Ehe eines Tages beinahe geplatzt. Die Mauer mit dem Namen *die andere Frau* war in unser Leben getreten.

Und das waren die Symptome:

1. Bob arbeitete bis spät nachts im Büro. Immer öfter.

2. Bob wird nach der normalen Arbeitszeit von Klienten förmlich belagert. Früher hat er ganz selten einen Klienten zu einem Gläschen eingeladen und fast nie zum Abendessen. Und plötzlich waren es »unumgehbare« Verpflichtungen an dem einen Abend und ein Abendessen am nächsten.

3. Ich genoß die »Freiheit«, wenn er nicht zum Essen nach Hause kam. Wie hübsch kam es mir doch vor, einen Abend ganz für mich alleine zu haben. Und dann kam der Abend der Weihnachtsparty im Büro. Normalerweise ging Bob, seit wir verheiratet waren, nur kurz auf die Party, nahm einen Drink, wünschte jedem ein frohes Fest und eilte nach Hause. Warum war diese Weihnachtsparty so anders? Wieso konnte er nicht anrufen und sagen, daß er sich verspäten würde? Und wie kam es, daß ich zum erstenmal, als ich vor dem Telefon saß und auf seinen Anruf wartete, gedacht habe ...

nicht, daß es sonderbar war, daß er nicht anrief ...

nicht, daß der Wagen unterwegs eine Panne gehabt haben könnte ...

nicht, daß ich in den verschiedenen Krankenhäusern nachfragen sollte ...

Nein, was ich dachte war: »Warum spricht er eigentlich ununterbrochen von dieser Person? Wie heißt sie doch, die immer in sein Büro hereingeschneit kommt und ihn um Rat fragt? Darum kann er nicht anrufen! Sie ist natürlich auch auf der Party!«

Natürlich eine andere Frau!

Konnte man das für möglich halten? In den fünf Jahren, die wir verheiratet waren, wäre ich nie auf den Gedanken gekommen, Bob könnte sich für eine andere Frau interessieren. Praktisch jedes andere erschütternde Problem konnte ich mir vorstellen – wie ich aussah, kochte, tanzte, im Bett war –, aber eine andere Frau? Niemals!

So erinnert sich Bob an diesen Zwischenfall . . .

»In den ersten fünf Jahren habe ich mich nie für eine andere Frau interessiert, aber ich fing an, diese Person – wie heißt sie doch? – attraktiv zu finden, und obwohl ich bei dieser Weihnachtsparty gar keine Annäherungsversuche gemacht habe, habe ich mich doch verdammt gut amüsiert und hatte nicht die geringste Lust zu gehen.«

Was keiner von uns gewußt hat, wir hatten schon eine ganze Weile eine Wand zwischen uns aufgebaut – eine Mauer mit einem so soliden Fundament, daß es beinahe logischer erschien, sich jemand anderem zuzuwenden, als die monumentale Anstrengung zu unternehmen, die Mauer niederzureißen. Das zugrunde liegende Problem war so fundamental für unsere Ehe, daß, wenn wir es nicht gelöst hätten, es tatsächlich eine andere Frau oder einen anderen Mann gegeben hätte und keine Chance mehr, unsere eigene Welt aufzubauen.

An dem Abend, als Bob um neun Uhr durch die Türe gestolpert kam, schoß ich gleich einen Giftpfeil ab.

»Alle Telefonapparate im Büro waren außer Betrieb, nicht wahr!«

Er geriet in Zorn. »Ich habe dir doch gesagt, ich gehe auf die Weihnachtsfeier.«

Jetzt wurde auch ich zornig. »Hättest du nicht anrufen können?«

»Wolltest du stündliche Bulletins?«

»Warum bist du so lange geblieben?«

»Du lieber Himmel!«

»Du hast nur eine Entschuldigung gesucht, um einen Abend alleine ausgehen zu können.«

»Worauf du Gift nehmen kannst!«

Wir hörten auf, uns anzubrüllen, und starrten uns an, während die Worte langsam einrasteten. »Vielleicht sollten wir uns lieber hinsetzen und uns unterhalten«, sagte ich erschüttert.

Also setzten wir uns hin und redeten, so ehrlich wir konnten, über unsere Gefühle an diesem Abend.

»Du weißt, daß du in letzter Zeit sehr viel gearbeitet hast.«

»Unter anderem.«

»Aber früher hat deine Arbeit nie unser Privatleben gestört. Du sagst doch immer, du bringst das Büro nicht mit nach Hause, wie das so viele Männer tun. Du sprichst nicht einmal über deine Arbeit. Ich fühle mich ausgestoßen ...«

»Aber sie interessiert dich doch nicht.«

»Das stimmt nicht. Sie interessiert mich ja, aber ich habe ein komisches Gefühl, wenn ich dir Fragen stelle, weil ich immer geglaubt habe, du willst nicht darüber reden – daß du das Buch zuschlagen willst, wenn du heimkommst, daß es dich irritiert, wenn ich das Thema anschneide.«

»Manchmal empfinde ich wirklich so, aber meistens spreche ich nicht darüber, weil ich glaube, du möchtest nicht, daß ich darüber spreche. Ich möchte dich nicht langweilen.«

Zwei Menschen leben seit fünf Jahren miteinander, und nie sprechen sie über das, was tagtäglich ein Teil ihres Lebens ist: Bob dachte, ich interessiere mich nicht dafür, womit er sich den größten Teil des Tages beschäftigt, und ich hatte das Gefühl, er sperrt mich absichtlich aus dem wichtigsten Teil seines Lebens aus. Er war verletzt, ich war verletzt. Vielleicht kann er mit einem anderen Menschen, der an seiner Arbeit beteiligt ist – und interessierter als ich –, besser reden ...

Die andere Frau war nicht die erste und bedauerlicherweise auch nicht die letzte Mauer, die wir zwischen uns errichtet haben. Vor kurzem haben wir entdeckt, daß wir uns nicht mehr soviel Mühe geben müssen, jedes einzelne negative Gefühl, das zwischen uns auftaucht, zu untersuchen, um eine Mauer zu vermeiden. Wir haben gelernt, daß es manchmal viel gescheiter ist, es zu ignorieren. Die Gefahr ist nur, daß man zuviel Vertrauen in seine Fähigkeit bekommt, auf diesem schmalen Grat zu wandeln, zuweilen kommt man zu weit davon ab und – bums, steht man schon wieder vor einer Mauer. Dies ist uns erst vor ein paar Jahren passiert.

Wir waren bereits über zehn Jahre verheiratet, doch eines schönen Augustmorgens beschloß ich, unsere Ehe sei gestorben.

Wir verbrachten den August auf Fire Island. Das Wetter war prima. Jeden Morgen wachten wir bei strahlendem Sonnenschein auf, die Luft war so rein, man konnte die Sauberkeit förmlich riechen, der Tau glitzerte noch auf dem Netz der Spinne, die auf unserer Terrasse wohnte. Nach elf Monaten Straßenlärm, überfließenden Mülltonnen und Hundekot in den Rippen von Marks Schuhsohlen hätte dies das Paradies sein müssen. War es aber nicht. Es war schrecklich. Ich habe jeden Augenblick gehaßt. Und ich habe Bob gehaßt.

Wir waren bereits zwei Wochen in Urlaub, und ich fühlte mich miserabel. Jeden Morgen stand ich auf, machte das Frühstück für die Familie, spülte das Geschirr, machte die Betten, sammelte die nassen Badeanzüge ein, die die Kinder unter die Couch geworfen hatten, kehrte den sandigen Fußboden auf, warf die nassen Handtücher in die Waschmaschine – und dann war schon wieder Zeit, das Mittagessen vorzubereiten. Der einzige Unterschied zwischen dem »Urlaub« und meiner täglichen Routine in einem New Yorker Appartement war für mich, daß Sand auf dem Fußboden lag statt Ruß.

Doch mit Bob sprach ich nicht über meine Gefühle.

Auf der anderen Seite der Mauer hatte Bob seine eigenen Probleme mit seinem Urlaub.

»Ich arbeite für eine große Public-Relations-Firma«, erklärt er. »Ich bin konstantem Druck ausgesetzt, das Unerwartete ist Routine. Man hat einen ruhigen Tag geplant. Das Telefon läutet, und schon klatscht die Scheiße an die Decke. Ein neues Problem, ein neuer Zeitplan, ein Flugzeug an die Westküste, ein Wochenende ist beim Teufel.

Und was mich elf verrückte Monate am Leben erhält, ist der August an Meer. Und plötzlich sitze ich hier in der Falle mit einer neurotischen Hausfrau, die den ganzen Tag putzt, kocht und ihren Motor abschnurren läßt. Sie lacht nicht, sie ist ewig beleidigt, es ist unmöglich, mit ihr zu leben. Aber ich rede nicht über meine Gefühle, ich bin einfach zu ärgerlich, weil sie mir den Urlaub verdirbt.«

Und somit, gewappnet mit guten Entschuldigungen, sprechen wir nicht miteinander. Wir bauen eine Mauer aus Ärger und Vorwänden. Ich will mit Bob nicht über meine Probleme reden, weil ich ihm den Urlaub nicht verderben will, und er will keine Verhandlungen mit mir einleiten, weil er den Schmerz, daß seine Ferien verdorben sind, hegt und pflegt. Anstatt uns wie zwei denkende und liebende Erwachsene zu unterhalten, lassen wir den Ärger anwachsen.

Und dann, eines wunderschönen Sommermorgens, wußte ich es plötzlich. Die letzte Mauer war errichtet, es war vorbei.

Zum erstenmal in dieser Woche war es mir gelungen, meine morgendliche Arbeit früher zu beenden. Ich ging hinaus auf die Terrasse, von der man über das Meer blickte, und streckte mich auf einem Liegestuhl neben Bob aus. Er schlief, ein Buch lag aufgeschlagen auf seiner Brust. Die Sonne war warm, aber nicht zu heiß. Und es wehte eine kleine Brise.

Ich schlug das Buch auf, das ich mir für diesen »Urlaub« aufgespart hatte, und begann zu lesen. »Mammi!« rief Liza aus einer nahegelegenen Sandgrube. »Um wieviel Uhr essen wir zu Mittag?«

Ich stand auf, legte das Buch weg und spazierte zum menschenleeren Strand hinunter, setzte mich ans Wasser und heulte.

Ich weinte lange und saß nur da und sah dem Spiel der Wellen zu. Ich sah mich in einem großen, kühlen, weißen Zimmer sitzen mit einem schmalen Bett und einem chintzbezogenen Schaukelstuhl. Vor dem Fenster stand ein großer grüner Baum. Ich las ein Buch. Es klopfte an der Türe, ein Kellner in weißem Jackett brachte mir wortlos ein Tablett mit Hühnerbrust auf Weißbrot und ein Glas Milch.

Einige Kinder spritzten auf ihrem Weg ins Meer an mir vorbei und kreischten, als ihre Zehen in das Wasser tauchten. Ich saß in der Falle. Es gab nichts, was ich im Augenblick tun könnte, aber ich würde schon einen Weg finden, da herauszukommen. Das mußte ich unbedingt. Ich konnte unmöglich den Rest meines Lebens so verbringen. Deprimiert und wütend begab ich mich zurück ins Haus.

Ich trat hinaus auf die Terrasse. »He, wo hast du denn gesteckt?« fragte Bob und rückte seinen Stuhl zurecht, um sich die Sonne auf den Rücken scheinen zu lassen. »Die Kinder sind am Verhungern.«

Ich ging in die Küche und holte ohne ein Wort Erdnußbutter und Marmelade aus dem Schrank.

»Weil du gerade stehst«, rief Bob, »würdest du mir einen Gin und Tonic mixen?«

Ich gab den Kindern ihre Sandwiches und brachte Bob seinen Gin und Tonic hinaus. Und einen für mich. Ich setzte mich auf den Stuhl neben ihm. Er seufzte lange und gründlich.

»Was für ein herrlicher Tag«, sagte er.

Ich fing an zu weinen. »Es ist ein abscheulicher Tag«, schluchzte ich und kehrte ihm den Rücken zu.

Er starrte mich an. »Was ist denn jetzt schon wieder los?« fragte er angeekelt.

»Es ist ein abscheulicher Tag«, wiederholte ich, »und es ist ein abscheulicher Urlaub!«

Er nahm sein Buch auf und fing an zu lesen. Ich ging hinunter in den Garten und ließ meine Wut an dem Schilfgras aus. Sorgfältig mauerte ich eine weitere Reihe von Ziegeln auf die Mauer, die seit den beiden Wochen, die wir in Urlaub waren, zwischen uns heranwuchs. Wie konnte er so unsensibel sein? Konnte er nicht einsehen, wieviel Arbeit es für mich bedeutete, diese großartigen Ferien für ihn zu ermöglichen?

Am Nachmittag kamen ein paar Freunde vorbei. Bob bereitete eine Runde Drinks. Die Kinder tobten herum und unterbrachen uns vier andauernd. Liza wollte einen leichten Gin-Tonic – ohne Gin natürlich. Mark wollte eine Cola. Mit einem Stück Eis.

»Habt ihr je darüber nachgedacht, eine Hausfrauenhilfe zu engagieren?« fragte Jane nur halb zum Scherz.

»Täglich«, antwortete ich. »Ich wünschte, Bob verdiente genug Geld, damit wir uns eine leisten könnten.«

Bob wurde rot. Eins zu null für mich, dachte ich. Um zwei Ziegel wuchs die Mauer auf Bobs Seite.

Wir haben alle derartige Szenen erlebt und gehaßt. Das Störendste an einer Mauer ist, daß sie Wut erzeugt und zwei nette Menschen dazu bringt, sich abscheuliche Dinge vorzuwerfen.

Nachdem Jane und Dave sich verabschiedet hatten, ging ich Bob für den Rest des Abends sorgfältig aus dem Weg. Ich war wütend, aber ich schämte mich auch und war verlegen. Ich wollte ihm nicht in die Augen sehen müssen.

Endlich lagen die Kinder im Bett, das Geschirr war gespült, nicht einmal ich fand noch etwas, womit ich mich beschäftigen konnte.

»Ich muß mit dir reden,« sagte Bob plötzlich. »Da ist etwas, was mich schon den ganzen Abend beschäftigt.«

Ich fühlte, wie mir die Röte ins Gesicht stieg. Jetzt kommt es.

»Das, was du vorhin zu Jane gesagt hast . . . Es sieht dir so gar nicht ähnlich, so etwas zu sagen. Können wir darüber reden?«

Ich war immer noch so wütend, daß ich eigentlich nur wütend bleiben wollte, aber ich hatte bereits gelernt, wie unproduktiv das war. Bob reichte mir die Hand, und obwohl mein wütendes Ich keine Lust hatte, sie zu ergreifen, wußte ich, ich mußte es tun.

»Okay«, sagte ich, »du hast Urlaub, ich nicht. Du kannst tun und lassen, was du willst und wann du willst. Das ist toll – für dich. Ich habe Urlaub, wenn die Hausarbeit, die Gäste und die Kinder mir gerade Zeit dazu lassen. Was bis jetzt so gut wie nie der Fall war.«

Ich machte eine Pause. Bob schwieg.

»Hör zu«, sagte ich. »Es tut mir ehrlich leid, was ich heute zu Jane über die Hilfe gesagt habe. Ich habe nur das Gefühl, ich habe auch ein Recht auf Ferien.«

»Ich weiß, was du meinst«, erwiderte Bob. »Reden wir weiter, wir werden schon eine Lösung finden.«

Bob reagierte auf mein Problem, ohne ärgerlich zu sein, nur mit Liebe. Er liebt mich. Er ist mein Freund. Er möchte helfen. Er tut, was er kann.

Also spazierten wir hinunter zum Strand, setzten uns auf die oberste Stufe einer Treppe und redeten miteinander, bis wir die Antwort gefunden hatten. Die Familie würde sich die Hausarbeit teilen. So einfach war das auf einmal. Liza sollte einen Teil übernehmen und Mark den anderen. Bob und ich wollten uns den Rest teilen.

Es klingt unglaublich, aber wir entdeckten, daß eine Siebenjährige die Fähigkeit hat, eine Wäscheklammer aus einem Sack zu holen und ihren eigenen Badeanzug aufzuhängen.

Und ein dreijähriger Junge kann ein wunderschönes Bett machen, wenn man sich nicht an ein paar Unebenheiten stößt.

Eine Zentnerlast war mir von den Schultern genommen, nicht nur wegen der realistischen Lösung des Problems, sondern wegen des Aktes der Zuneigung. Anstelle der Mauer war jetzt gegenseitiges Verständnis.

Welche Technik man anwendet, um eine Mauer einzureißen, ist einerlei. Tatsache ist, daß es ganz leicht ist und manchmal sogar Spaß macht – sie aufzubauen. Es gibt nur wenige Dinge, die mehr Befriedigung verschaffen, als eine gutgebaute Mauer zu überblicken, die effektvoll jedwede Kommunikation zwischen dir und der Liebe deines Lebens blockiert. Grundsätzlich gibt es zwei Arten von Mauern:

Die Ziegelmauer. Das ist die Art von Mauer, die wir eben beschrieben haben, eine Mauer, die langsam wächst, Ziegel auf Ziegel. Sie hält garantiert, bis zwei Menschen sich an die Schwerarbeit machen, sie zu zerstören. Aber es gibt noch eine andere Art von Mauer:

Die Augenblicksmauer. Diese Mauer wächst von einer Sekunde auf die andere bei einem einzigen Zwischenfall. Sie ist allerdings auch leicht einzureißen, wenn man erst einmal weiß, wie man sie erkennen kann. Hier ist die Geschichte der *Augenblicksmauer:*

Bob und ich hatten vier Freunde zum Abendessen eingeladen. Und ich hatte schlecht geplant. Zu viele Speisen, die erst im letzten Moment zubereitet werden mußten. Während ich die Sauce rührte, die Salatsauce würzte und aufpaßte, daß das Knoblauchbrot nicht verbrannte, konnte ich ihr Gelächter aus dem Wohnzimmer hören. Ich nahm einen Schluck von meinem einsamen Martini, wischte mir den Schweiß von der Stirn und ging ins Zimmer, um die Kerzen anzuzünden.

»Das Essen ist fertig«, verkündete ich.

Und Bob, der charmante Gastgeber, der liebenswerte Ehemann, sagte – er sagte doch tatsächlich: »Na, endlich! Ich dachte schon, heute gibt es gar nichts mehr zu essen.« Ha, ha!

Ich habe ihn gehaßt, während des ganzen Abendessens. Ich habe ihn gehaßt, nachdem sich unsere Gäste verabschiedet hatten, obwohl er mir beim Aufräumen half. (Ich hatte gehofft, er würde mir nicht helfen. Dann hätte ich die Mauer doppelt so dick bauen können.) Bis ich im Bett lag, brannte ich lichterloh und erstarrte innerlich gleichzeitig zu Eis.

Bob kam ins Schlafzimmer und klopfte seine Pfeife aus, halb über dem Aschenbecher, halb über meinem Toilettentisch.

»Warum kannst du nicht besser aufpassen?« schnauzte ich ihn an.

»Was ist denn jetzt schon wieder los?«

»Immer verstreust du deine Asche in der Gegend herum. Ich kann das nicht ausstehen.«

»Was hast du denn wirklich? Den ganzen Abend schnauzt du mich schon an. Das sieht dir so gar nicht ähnlich.«

»Wie konntest du das auch sagen?« Und ich beschrieb ihm die Szene.

»Ich wollte dich doch nicht verletzen«, erwiderte er.

»Es war sehr ekelhaft von dir, das zu sagen. Du hast mich in Verlegenheit gebracht. Ich bin mir wie der letzte Dreck vorgekommen.«

»Schau, vielleicht war es gedankenlos . . .«

»Gedankenlos? Das ist das mindeste, was man dazu sagen kann. Ich versuche, ein schönes Essen zu machen, und du kümmerst dich einen Dreck darum. Du hattest nur das Gefühl, ich brauche zu lange, und hast alles dazu getan, damit deine Gäste nur ja wissen, daß du nicht schuld daran bist. Du bist ein falscher Fuchs, ja, das bist du.«

»Glaub mir doch, ich habe es nicht so gemeint. Aber ich weiß, was du meinst. Ich glaube, du hast recht.«

Das Zauberwort: »Du hast recht.«

Er ist wirklich ein netter Mann.

Dumm, dumm, dumm? Ja, natürlich. Aber worüber streiten sich zwei liebende erwachsene Menschen denn sonst? Sie streiten wegen jedem Alltagsquatsch – die dummen Dinge, die man sagt, die eingebildeten Verletzungen von Stolz und Eitelkeit, die Frustration, in dieser verrückten Welt zu leben. Und an wem läßt man seinen Ärger aus? An dem Menschen, den man liebt. Wer sonst würde diesen Unsinn tolerieren?

Augenblicksmauern sind ganz leicht zu errichten. Hier einige grundsätzliche Schritte.

1. Man muß 100 Prozent im Recht sein. Und er 1000 Prozent im Unrecht.

2. Platze ja nicht im Augenblick der Beleidigung, des Ärgers oder des Schmerzes mit den Worten heraus: »Au, das tut weh!« Verbind die Wunde und laß sie so richtig schön schwären.

3. Wenn du explodierst, mach es nicht direkt. Kämpfe nicht sauber, sondern gemein. Sag bloß nicht: »He, das ist gemein. Ich bemühe mich, ein gutes Essen auf den Tisch zu setzen, und finde es nicht fair von dir, wenn du dich beschwerst, weil es ein bißchen später wird.« Sag *das* bloß nicht! So kann man keine Mauer bauen. Sag etwas wie: »Du glaubst, du bist der Größte. Warum kochst du denn nicht einmal? Mal sehen, wie lange *du* brauchst?« Das ist der sicherste Weg, wenn man eine Mauer bauen will. So löst man kein Problem. Das ist unreif und nährt die Wut.

Das sind die Regeln für die *Augenblicksmauer.* Ein falsches Wort zum richtigen Zeitpunkt und schon steht die Mauer da.

Die *Ziegelmauer* – und das ist die robustere – wächst aus Tag für Tag unausgesprochenen Irritationen, geringfügigen Verletzlichkeiten, den kleinen Dingen, die einfach zu »albern« sind, als daß sich zwei Erwachsene darüber unterhalten. Wie zum Beispiel . . .

Bob: Dorothy kommt immer zu spät. Fast nie ist sie pünktlich. Wenn sie sagt, sie holt mich vom Büro ab, weiß ich schon, daß sie zehn Minuten zu spät kommt. Aus gutem Grund natürlich. Oder wenn wir zusammen ausgehen, sagt sie: »Ich bin fertig.« Und plötzlich fällt ihr ein, sie hat vergessen, dem Babysitter unsere Nummer zu geben, und ich muß warten, während sie im Telefonbuch die Nummer nachschlägt. (Ein kleiner Ziegel für die Mauer.)

Dorothy: Tatsache ist, daß ich fast nie mehr zu spät komme, aber wenn Bob sich etwas in den Kopf gesetzt hat, kann man ihn nicht mehr mit Tatsachen verwirren. Ich weiß, ich hatte große Probleme mit der Pünktlichkeit, und ich habe hart daran gearbeitet. Jetzt bin ich fast immer pünktlich. Ich lasse Bob nie mehr in einem Restaurant oder an der Straßenecke warten, aber wenn ich mich einmal im Jahr verspäte, tut er so, als wäre ich *nie* pünktlich. Und manchmal läßt er mich warten und glaubt, es genügt, »Tut mir leid« zu sagen, und damit hat es sich. Was auch der Fall ist. Aber wenn ich mich einmal verspäte, wird das aufgebauscht, als würde ich mich dauernd nichts als verspäten. (Wieder ein kleiner Ziegel für die Mauer.)

Bob: Warum schaut Dorothy nie auf die Benzinuhr, wenn sie das Auto fährt? Warum finde ich immer einen leeren Tank vor, wenn ich morgens spät dran bin? (Wieder ein kleiner Ziegel.)

Dorothy: Warum bittet er mich, einen Knopf an seinem Jackett anzunähen, hängt es aber in den Schrank und erwartet von mir, daß ich mich daran erinnere? Und wenn ich es dann vergesse – was ich natürlich tue –, warum guckt er dann so beleidigt? (Ein Ziegel für die Mauer.)

Und so wächst die Ziegelmauer höher und höher, gebaut aus Irritationen, die zu lächerlich sind, als daß man darüber sprechen könnte, die sich jedoch aufeinander türmen. Zuerst ist die

Mauer unwahrnehmbar. Und plötzlich zeigen sich die Anzeichen. Ich vergesse, Bob einen Kuß zu geben, wenn er morgens aus dem Haus geht. Er macht mir kein Kompliment wegen meines neuen Nachthemdes. Er sagt, er muß abends länger arbeiten, und mir ist es eigentlich egal.

Viel Schaden kann entstehen, ehe man das vage Gefühl entdeckt, etwas könnte nicht in Ordnung sein. Und dann ist es sehr schwer, dagegen zu arbeiten, weil es nichts gibt, wogegen man ankämpfen könnte. Es sind Dutzende von Kleinigkeiten, nur halb bemerkt und wieder vergessen. Zu unwichtig, um darüber zu reden. »Wozu die Aufregung?« wird zu: »Wen kümmert das schon?« Alles Ziegel für die Mauer.

Und dann, eines Tages, ist sie wirklich da. Und man kann sie nicht mehr ignorieren oder so tun, als existiere sie nicht. Sie ist da, und sie ist häßlich und gemein. Man wacht morgens auf und sieht den Mann neben sich im Bett: Er braucht dringend eine Rasur. Er schnarcht. Sein Atem riecht nach saurem Wein. Und man sagt zu sich selbst: Was habe ich hier eigentlich zu suchen?

Wir waren sechs Jahre verheiratet, Liza war drei Jahre alt, und Bob kam gegen halb sieben von der Arbeit nach Hause. Er legte Jackett und Krawatte ab, schaute die Post durch und drehte die Nachrichten an. Um halb acht erzählte er Liza eine Geschichte und brachte sie zu Bett. Um acht Uhr haben wir gegessen. Oft war ein »tolles« Programm im Fernsehen, während wir gegessen haben, also haben wir den Kartentisch vor dem Apparat im Schlafzimmer aufgestellt und da gegessen. Nach dem Abendessen gingen wir getrennte Wege und mit den Elf-Uhr-Nachrichten und dem späten Spielfilm zu Bett.

Viel haben wir nicht geredet. Ich hatte keine Ahnung, was Bob während des Tages erlebt hat. Er hatte keine Ahnung von den ständigen Krisen, die täglich mit einer Dreijährigen entstehen. Wir waren nicht sonderlich aneinander interessiert.

Der Fernsehapparat war ein Monster. Er trampelte über unsere Kommunikationsmöglichkeiten und stampfte unser Sexleben in Grund und Boden. Ich fing an, dieses Monster mit einem ganz persönlichen Haß zu hassen. Das war der glückliche Durchbruch. Eines Nachts lag ich im Bett, lauschte dem Knattern von Maschinengewehren und fühlte mich ungeliebt. Und plötzlich, in der besten Bette-Davis-Tradition, warf ich die Decke zurück, stürzte auf den Fernsehapparat zu und riß den Stecker aus der Dose.

»Ich halte es nicht mehr aus!« schrie ich. »Entweder dieses Dings da oder ich!« Wie Sie sehen, ich handhabe meine Probleme auf äußerst reife Art und Weise.

Zum Glück war Bobs Reaktion eine reifere. »Hu?« fragte er.

»Wenn du mich nicht mehr liebst, dann sage es mir gefälligst«, schluchzte ich. »Du willst mich nicht mehr. Du hast mich seit Wochen nicht mehr angerührt. Ich interessiere dich nicht mehr. Das sieht ja ein Blinder. Aber du könntest wenigstens mit mir darüber reden, statt die ganze Nacht in diesen verdammten Apparat zu glotzen.«

Bob setzte sich im Bett auf und drehte das Licht an. »Du mußt verrückt sein.«

Wie finden Sie das als vielversprechenden Anfang, eine Mauer einzureißen? Zwei erwachsene Menschen arbeiten daran, ein Problem zu lösen. Ruhig, liebevoll und zärtlich.

Aber es *war* ein Anfang. Alles kann helfen, eine Mauer abzubauen, solange man weiß, daß sie existiert. Und dann, ob es nun durch eine Explosion oder ein besorgtes: »He, irgend etwas ist faul im Busch«, geschieht, ist unerheblich. Es ist ein erster Schritt, und wenn man genügend liebt, um sich die Mühe zu machen, folgen die anderen Schritte unweigerlich.

In dieser Nacht haben wir die *Große TV-Barriere-Mauer* eingerissen. Zuerst erkannten wir, daß wir beide das Fernsehen benutzten, um nicht über Dinge sprechen zu müssen, die uns irritierten. Eine Menge Kleinigkeiten, die zu albern schienen, um darüber zu reden. Wie zum Beispiel . . .

Bob: Warum hat mir Dorothy eine elektrische Orangenpresse zum Geburtstag geschenkt? Ich weiß, da war dieser charmante Unterton in ihrer Stimme: Jetzt kannst du dir jeden Tag frischen Orangensaft machen – und ich liebe jeden Tag frischen Orangensaft –, aber als Geburtstagsgeschenk? Wenn sie eine elektrische Orangenpresse haben möchte, kann sie doch gehen und sich eine kaufen. Das ist doch nichts, was ich mir zum Geburtstag wünsche!

Dorothy: Warum stellt Bob den Radiowecker jeden Tag auf halb sieben, wenn er nie vor halb acht aufsteht? Wir wachen alle auf. Und er schläft wieder ein. Ich bin früher auch wieder eingeschlafen, aber dann hat mich die ganze Angelegenheit immer mehr irritiert, jetzt kann ich nicht mehr einschlafen. Sechzig Minuten im Bett liegen und vor Wut in die Luft gehen! Wie könnte ich darüber reden? Er tut es ja nicht, um mich zu ärgern. Er will ja um halb sieben aufstehen, er ist nur zu müde. Er hat ja die Absicht aufzustehen, aber er ist zu müde. Weil er unbedingt den verdammten späten Spielfilm ansehen muß!

Wie kann man schon über so etwas Albernes reden? Niemand will etwas Böses. Wie kann man sagen, das ärgert mich oder das irritiert mich. Aber man muß es loswerden. Weil es zu all den »Albernheiten« gehört, die zum Bau einer Mauer beitragen. Und die einzige Art und Weise, wie man verhindern kann, daß diese Mauer zwischen einem wächst, ist, über jede Kleinigkeit, die einen plagt, zu reden. Und zwar sobald man bemerkt, daß sie einen plagt. Die Albernheiten sind die trickreichsten. Oft entschlüpfen sie einem und werden zu Mauerziegeln, ehe man noch die Chance hat zu realisieren, daß sie einen plagen.

Heute halten wir Ausschau nach den Anzeichen, die signalisieren, daß eine Mauer im Aufbau ist, damit wir versuchen können, sie einzureißen, noch ehe sie zu einem Riesenabrißprojekt wird. Einige der Anzeichen, die wir kennen, sind folgende:

Wenn Bob anfängt, sieben Abende in der Woche den späten Spielfilm anzusehen ...
Wenn ich »vergesse«, ihm einen Abschiedskuß zu geben ...
Wenn wir uns beim Abendessen die längste Zeit anschweigen ...
Wenn wir zu oft zu müde sind, um miteinander zu schlafen ...

Wenn Angewohnheiten, Benehmen, Arbeitsweisen des anderen anfangen, uns auf die Nerven zu gehen ...

Wenn wir das Gefühl haben, uns nicht wirklich nahe zu sein ...

All diese Dinge sind rote Signalflaggen. Manchmal erkennen wir sie schnell, manchmal ignorieren wir sie eine Weile. Doch wir versuchen wirklich, Ausschau nach ihnen zu halten und die angezeigte Gefahr zu ergründen.

Oft kann man eine Mauer auch innerhalb von Sekunden in Schutt und Asche legen, sobald man sie erkannt hat. Aber es kann schwierig sein, die Existenz einer Mauer anzuerkennen. Es ist manchmal leichter, ärgerlich zu bleiben, als zu sagen: »Es tut mir leid« – und ganz entgegen den romantischen Vorstellungen von Liebe ist es oft wichtig zu sagen: »Es tut mir leid.« Es ist schwer, einen Menschen, den man liebt – und in dem Moment haßt –, in die Augen zu schauen und zu sagen: »He, in welcher Verrücktheit stecken wir denn jetzt schon wieder? Genug jetzt. Wir sind Freunde. Wir lieben uns. Laß uns nicht zerstören, was wir haben.«

Wir haben herausgefunden, ganz egal, um was für eine Art von Mauer es sich handelt, es gibt für uns normalerweise nur einen Weg, sie einzureißen, nämlich sie zu Tode zu reden. Mauern sind nicht kooperativ. Sie zerfallen selten bei der ersten Berührung zu Staub. Manchmal kann man Tage miteinander reden, ehe auch nur ein einziger Ziegelstein abgetragen wurde, aber wenn der erste locker ist, lassen sich die nächsten leichter lösen.

Wie zerstört man eine Mauer?

1. Wir reden über die »albernen« Kleinigkeiten, die eigentlich zu beschämend sind, als daß man darüber spricht. Darüber zu reden ist an sich schon eine Erleichterung und unser bester Weg, größere Probleme aus der Welt zu schaffen.

2. Wir versuchen über alles zu sprechen, was uns durch den Kopf geht, egal wie lächerlich oder unzusammenhängend es uns

auch erscheinen mag. Manchmal führt das nirgendwohin, oft entdecken wir jedoch, daß die Angelegenheit gar nicht so lächerlich und ohne jeden Zusammenhang ist.

3. Wir hören auf zu reden. Manchmal gelingt es uns nicht, so sehr wir uns auch darum bemühen, uns durch eine bestimmte Mauer durchzureden. Dann kann man nur eines machen, um einen Waffenstillstand heraufzubeschwören. Man sagt: »Laß uns versuchen, von vorne anzufangen, und vergessen, daß wir uns entfremdet haben, und versuchen, nett zueinander zu sein und Rücksicht aufeinander zu nehmen – und fest hoffen, daß es hilft.«

4. Wir brechen mit der Routine. Wir wechseln den Schritt – vielleicht ist es höchste Zeit für ein Wochenende alleine, wir versuchen Spaß miteinander zu haben, einander zu genießen, wieder Romantik einzufangen.

5. Wir nützen alles, was uns in den Weg kommt. Manchmal hilft sogar ein echtes Trauma – die ernsthafte Erkrankung eines Kindes, der Tod eines Verwandten oder nahen Freundes –, die Perspektive zu klären. Zuweilen können Mauern von äußeren Kräften zerstört werden, und es ist überhaupt nicht falsch, wenn man das Unglück für sich arbeiten läßt. Irgendwann, am Anfang unserer Ehe, hatten wir eine Mauer zwischen uns errichtet, die wir einfach nicht abtragen konnten, so sehr wir uns auch bemühten. Plötzlich brach Feuer in unserer Küche aus, und als die Flammen gelöscht und die Panik abgeklungen war, erkannten wir, daß es uns nicht mehr wichtig war, wer Recht hatte und wer nicht, sondern daß wir einander brauchten und zusammen sein wollten. Das Feuer hatte die Mauer zerstört, und wir waren erleichtert, daß sie zerstört war, und dankbar, daß wir so vernünftig waren, dies auch geschehen zu lassen.

Aber Probleme verschwinden nicht, bloß weil man sie einfach »gelöst« hat. Während wir dieses Kapitel schrieben, war mir aufgefallen, daß Bob schon eine ganze Weile nichts mehr von seiner Arbeit erzählt hatte, und ich schlug vor, daß wir uns wieder einmal über dieses Problem unterhalten sollten.

2. Kinder

Wir schreiben das Jahr 1972. Liza ist sechs, Mark drei Jahre alt. Es ist früh am Morgen. »Frühstückszeit«, erklärt Mark, der Kaffee in der Maschine beginnt zu blubbern.

Liza studiert die Pakete mit den verschiedenen Frühstücksflocken auf dem Küchenregal. Sie wartet, bis ich mich gesetzt habe und meinen Löffel nehme, um meinen Kaffee umzurühren. Dann erst erklärt sie: »Ich möchte das da«, und zeigt auf das einzige Paket, zu dem sie nicht hinaufreicht. Ich stehe auf, hole das Paket und schicke mich an, es aufzumachen.

»Selber aufmachen«, quengelt sie.

Sie macht es auf und löffelt die Flocken vorsichtig in ihre Schale, einige allerdings auch auf den Tisch. »Uups!« sagt sie. »Ich habe ein paar danebengeschüttet.«

»Wann glaubst du, wirst du heute abend zu Hause sein?« frage ich Bob.

Liza wischt die Flocken fein säuberlich auf den Fußboden.

»Möchte eine Cola haben«, sagt Mark.

»Trink deinen Orangensaft«, sagt Bob.

»Wann glaubst du, daß du heute abend nach Hause kommen wirst?« frage ich.

»Gib mir die Milch«, verlangt Liza.

»Bitte«, sagt Bob.

»Bitte gib mir die Milch«, sagt Liza.

»Wann glaubst du, wirst du heute abend nach Hause kommen?« frage ich.

»Ich möchte eine Cola haben! Ich möchte eine Cola haben!« brüllt Mark.

»Gib mir den Zucker«, sagt Liza.

»Bitte«, sagt Bob.

»Bitte gib mir den Zucker«, sagte Liza.

»Ich muß jetzt gehen«, sagt Bob, »sonst bekomme ich einen Strafzettel. Der Wagen steht auf einem Acht-Uhr-Platz.« Er knirscht sich seinen Weg über die Frühstücksflocken zur Küchentür.

Ich stehe auf und gebe ihm einen Abschiedskuß. Er drückt mich an sich, daß es mir die Zehen zusammenzieht.

Liza springt von ihrem Stuhl und umklammert Bobs Bein. »Ich lasse dich nicht arbeiten gehen«, singt sie.

Er hebt sie hoch, gibt ihr einen Kuß und geht. Ich schließe die Türe. Mark beginnt zu schreien.

»Ich habe Daddy keinen Kuß gegeben!« und rennt ihm nach. Ich mache die Türe wieder auf, er stürzt zum Lift.

»Will ein' Kuß! Will ein' Kuß!« schreit er.

Bob hebt ihn hoch, gerade als der Lift ankommt. Mark umarmt ihn und gibt ihm einen Kuß. Abdrücke von Butterfingern verzieren Bobs blaues Jackett, er betritt den Lift.

Fazit: Kinder machen Spaß. Sie sind wunderschöne Geschöpfe. Es ist aufregend, ein Kind aufwachsen zu sehen und zu beobachten, wie sein Verstand wächst. Es ist eine Art Liebe, die man nur erleben kann, wenn man ein Kind hat. Es ist ein phantastisches Erlebnis, das einen direkt aus sich herausführt. Kinder geben einer Ehe ein Band, das einmalig stark ist – das Teilen einer ganz besonderen Freude.

Gegenfazit: Kinder sind ein Alptraum. Sie ruinieren die Beziehungen zwischen Mann und Frau. Sie beeinträchtigen die persönliche Freiheit. Sie verändern unser Leben und unseren Lebensrhythmus. Sie bedeuten eine ungemeine Verantwortung. Sie kosten eine Unmenge Geld. Sie trampeln mit den Füßen auf unserem Privatleben herum. Es ist unglaublich, daß auch nur irgendeine Ehe ihre Kinder überlebt.

Und wie bringt man Fazit und Gegenfazit unter einen Hut? Kinder können der Zement einer Ehe sein oder sie zerstören. Wie hält man das in der Waage? Wie benützt man das schöne Erlebnis, das Kinder nun einmal sind, um seine Ehe zu festigen, und mindert die Auswirkungen, sie zu zerstören?

Bob und ich haben uns Kinder gewünscht – wir haben sie uns so sehr gewünscht, daß wir zwei adoptiert haben. Unsere Kinder sind unglaublich unschuldige Engel. Liza ist jetzt dreizehn, Mark ist neun. Wir beten sie an. Sie haben unser Leben bereichert, uns Tiefe und einen Sinn gegeben, was sonst so nicht der Fall gewesen wäre. Aber sie haben unser Leben verändert und in andere Bahnen geleitet.

Als wir noch jung verheiratet waren, haben wir beide gearbeitet – Bob in einer Werbefirma, ich im Reisebüro. Wir haben im Winter Kreuzfahrten in die Karibik gemacht, sind im Sommer im Urlaub nach Europa geflogen und im Herbst nach Vermont gefahren, um uns das Herbstlaub anzusehen. Geld spielte keine Rolle. Wir hatten zwei gute Gehälter und Zeit, zu tun, was wir wollten! Wir konnten Samstag bis drei Uhr nachts ausgehen und den ganzen Sonntag im Bett verbringen oder ein spätes ausgedehntes Frühstück einnehmen und später die neueste Ausstellung im Museum of Modern Art besuchen.

Dann adoptierten wir Liza, und plötzlich hat sich unser Leben von Grund auf verändert.

Sie war fünf Wochen alt, weiß und rosa und lachte die ganze Zeit. Mein Tag begann jetzt um sechs Uhr morgens, aber ich holte dösend meinen Schlaf nach, wenn Liza in ihrer Wiege Mittagsschlaf hielt. Sie gurgelte im Laufstall, während ich meiner Hausarbeit nachging. Ich jonglierte mit Erfolg Haus, Kind, Büro und Mann. Ich fühlte mich wie eine Superfrau! Ich wußte noch nicht, daß wir nicht ein Kind, sondern einen Engel adoptiert hatten. Sie aß, wann sie essen sollte, schlief, wenn sie schlafen sollte, und schrie nur, wenn ihr eine Nadel im Hintern steckte.

»Warte nur«, sagte Cousine Beverly, »du wirst schon noch begreifen, was es heißt, ein Baby zu haben.«

Vier Jahre später haben wir Mark adoptiert und begriffen, was sie gemeint hat. Scheinbar weinen Babys ohne jeden erkennbaren Grund, und wenn man diesen nicht erkennbaren Grund nicht augenblicklich erkennt, fangen sie an zu schreien. Sie klettern sieben Monate zu früh aus der Wiege, gehen zielbewußt auf die Steckdose zu und untersuchen sie mit den Zinken einer Gabel. Ich habe gelernt, daß Sandkisten nur dazu da sind, andere Kinder mit Sand zu bewerfen, und daß man nur deshalb mit der Wippe wippt, um zu sehen, wie oft man unter dem Balken hindurchlaufen kann, ohne sich ein Loch in den Kopf zu schlagen.

Es erstaunte niemanden außer mich selbst, daß ich ganz aufhören mußte zu arbeiten. Und bald schon schätzte ich mich glücklich, wenn es mir gelungen war, das Geschirr zu spülen, die Betten zu machen und das Abendessen rechtzeitig auf den Tisch zu bringen.

Den Beruf vermißte ich nicht, aber das Geld ging mir ab und mein Selbstbewußtsein. Mir fehlte der Reiz, ein schwieriges Reiseproblem zu lösen, mich mit Kunden zu unterhalten und die Puzzlestücke zusammenzufügen, die eine Reise ausmachen.

Jetzt war ich oft angeödet. Und immer war ich müde. Das Leben war erheblich ruhiger geworden. Wenn man ausgehen wollte, mußte man nicht nur einen Babysitter bezahlen, man mußte erst mal einen finden. Keine Kreuzfahrten mehr nach Curaçao, kein Trip nach Moskau. Der Höhepunkt eines kurzen Winterurlaubs war ein Umweg über Disney World, auf dem Weg zu Tante Ruth, Onkel Theo und Großvater in Miami.

Wir finden es nicht nur erstaunlich, daß unsere Ehe die Kinder überlebt hat, sie hat sich sogar noch entfaltet und ist stärker geworden durch sie. Für eine Menge ist Dr. Spock verantwortlich.

Wir haben Dr. Spocks Babybuch gekauft, als das Adoptionsbüro uns mitteilte, sie würden uns im Laufe des Jahres ein Baby übergeben. Wir blätterten darin und legten es zur zukünftigen Zurkenntnisnahme auf die Seite.

Der Tag, an dem wir Liza nach Hause gebracht haben, war ein Tag, wie nie einer zuvor oder danach werden kann. Wenn Ihnen nie erklärt worden ist, Sie werden nie ein Kind bekommen können, und dann legt Ihnen plötzlich jemand ein Baby in den Arm und sagt: »Es gehört Ihnen«, werden Sie nie begreifen, was das für ein Tag für uns war.

Wir brachten Liza nach Hause, Bob machte dreihundert Fotos von ihr, und wir legten sie zu einem Schläfchen in die Wiege. Plötzlich bekam sie Schluckauf. Fünf Wochen alt und Schluckauf! Und so stark, daß das Körperchen nur so geschüttelt wurde. Panik! Ich rannte zu Dr. Spock.

Geben Sie dem Baby eine Flasche Wasser, sagt er in seinem Buch. Vielleicht beruhigt sich der Schluckauf, vielleicht auch nicht. Wenn nicht, machen Sie sich keine Sorgen. Kleine Babys bekommen leicht Schluckauf.

Eine Stunde lang ging der Schluckauf nicht weg. Unsere Panik allerdings schon. Wir beschlossen, wenn Dr. Spock schon ein so schlauer Mann ist, sollten wir vielleicht doch mehr von seinem Buch lesen als nur das Kapitel über den Schluckauf. Wir haben viel von diesem Arzt gelernt: Wie man zu guten Eltern wird und trotzdem eine gute Ehe führt.

Dr. Spock behauptet wortwörtlich, daß Kinder etwas Schönes und Wunderbares sind, daß man sie hegen und lieben soll, daß aber auch Eltern Menschen sind und ihre Rechte haben und daß diese Rechte sogar Vorrang haben vor denen der Kinder! Es muß für Eltern eine Zeit geben, Eltern zu sein, und eine Zeit, Mann und Frau zu sein.

Wir haben hart daran gearbeitet, dieses delikate Gleichgewicht auszubalancieren, und dadurch etliche Probleme ausgemerzt, die unserer Meinung nach in fast allen Ehen vorkommen.

Problem Nr. 1: Kinder verursachen Reibungen

Kinder erzeugen bei den rationalsten Menschen irrationales Benehmen. (Bei mir!) Nehmen wir das Wort *Mami.* Es gibt Tage, da habe ich das Gefühl, wenn irgendeines der Kinder noch ein einziges Mal Mami sagt, stopfe ich ihm den Mund mit Erdnußbutter und versiegle ihn mit Kaugummi.

Dieses Jahr im Sommer waren wir bei einer Freilicht-Kunstausstellung, und eines der Kinder quengelte: »Mami!« Alle Frauen haben sich umgedreht. »Sie klingen alle gleich«, sagte ich zu der Mutter, die mir am nächsten stand. »Ich glaube, ich muß meinen Namen ändern«, seufzte diese.

Den ganzen Tag geht es: »Mami, wo ist mein Schuh (Puzzle, Buch, Puppe, Schlange, Schnur, Hausarbeit)?« Oder: »Mami, kannst du das richten (finden, binden, schneiden, wieder ganzmachen)?« Oder: »Mami, ich bin hungrig (durstig, müde, so allein, ich langweile mich, ich fürchte mich).« Oder: »Mami, ich möchte einen Apfel haben (jemanden, mit dem ich spielen kann, der mir bei der Mathematikaufgabe helfen kann, der mir den Buckel kratzt, ein Glas Eiswasser mit zwei Eiswürfeln gibt).«

Und dann kommt, munter und fröhlich, Bob nach Hause, gibt mir einen Kuß und sagt: »Was gibt es denn zum Abendessen?«

»Zwei Kinder und zum Nachtisch einen Ehemann«, antworte ich dann zuckersüß.

Die Lösung

Zum einen hilft es sehr, wenn Ihr Mann einen gesunden Sinn für Humor hat – und wenn Sie auch Humor haben. Aber der Humor muß mit Verständnis gepaart sein. Wir beschlossen, der beste Weg für Bob, zu verstehen, warum ich ihn manchmal nach einem Haushaltstag, wenn er lächelnd und fröhlich von seiner Arbeit heimkommt, anfauche, sei, einmal einen Tag lang den Haushalt zu übernehmen. Und genau das hat er getan.

Das Ganze geschah nicht unter dem Motto: »Na, dir werde ich es schon zeigen! Laß ihn nur einen Tag lang Hausfrau und Mutter spielen, dann wird er schon sehen, ob es ihm gefällt!« Es geschah, weil ich wollte, daß Bob auch einmal das Unbeschreibliche erlebt, und er war bereit, es zu versuchen.

Bob meinte dazu: »Ich kann nur sagen, daß ich mich nie so richtig von dem Experiment erholt habe. Ich bekomme jedesmal nasse Hände, wenn wir darüber reden, und als Dorothy mir vorschlug, ich möchte es doch noch einmal versuchen, um ja nicht zu vergessen, wie es ist, habe ich mir meinen Martini über meine Krawatte gegossen. Ohne Spaß. Ich kann zwar nicht behaupten, daß es mir gefällt, wenn ich einen schweren Tag hatte und zu einer erschöpften Frau nach Hause komme, die mir nicht gleich um den Hals fällt und mich mit Liebe und Aufmerksamkeit überschüttet, doch zumindest verstehe ich es und fange nicht gleich wieder an, eine Mauer zu bauen.«

Problem Nr. 2 – Kinder sind teuer

»Money, money, money, money . . .« singt Liza Minelli in »Cabaret«. Sie muß bei unserer Liza in die Schule gegangen sein. Nicht, daß unsere Liza habgierig wäre – weit davon entfernt. Sie ist großzügig und schenkt alles her, aber ihr Geschmack ist snobistisch. Ob es sich um Jeans, Schuhe oder ein neues Kleid handelt, ihr Instinkt zieht sie automatisch zu dem teuersten Artikel, ohne auch nur ein einziges Mal auf das Preisetikett zu achten. Mark andererseits mag alles, was ihm paßt. Sein einziges Problem ist, er wächst so schnell, daß ihm nichts länger als zwei Wochen paßt, und selbst wenn die Größe diese Zeitspanne überlebt, die Ellbogen und Knie tun es nicht.

Dann sind da noch der Arzt, der Zahnarzt, Spielzeug, Schwimmunterricht, weiße Mäuse, Schaumbad und Kaugummi. Die Bedürfnisse sind endlos, nur das Geld ist es nicht. Wie reicht es überhaupt?

Es reicht, weil Mami und Daddy sich den neuen Anzug, Schuhe, Auto oder Couch nicht kaufen. Es kommt daher, daß man sich die Vorhänge selber näht und die tropfenden Wasserhähne selbst repariert. Es kommt von den Kreuzfahrten, die man nicht mehr unternimmt, und den Ferien mit den Kindern im eigenen Garten. Tut es weh? Stört das die Ehe? Natürlich tut es das.

Wenn es gar zu arg wird, wenn meine »guten« Sommerschuhe bereits in die dritte Saison gehen, Liza jedoch ein Paar Sonntagsschuhe im Schrank stehen hat, wenn wir jahrelang die Idee, einen Zweitwagen aus zweiter Hand zu kaufen, aufgeben mußten, wenn wir über all die Dinge sprechen, die wir nicht tun können oder in Zukunft nicht tun oder haben können, wegen dieses Wahnsinns, genannt Universitätsstudium, ist es schwer, nicht deprimiert zu werden und an die guten alten Vorkindertage zu denken, als es in unseren Taschen noch nach Geld geklingelt hat. Da wird man wütend. Natürlich läßt man – oder sollte man – den Ärger nicht an den Kindern auslassen, aber man wird ärgerlich aufeinander. Wenn Bob nur mehr Geld verdienen würde ... wenn Dorothy nur besser mit dem Geld umgehen könnte ... Und ehe man es sich versieht, haben diese unschuldigen Engel Ihre Ehe zerstört.

Die Lösung

Wir klammern uns an die Erkenntnis, daß alles im Leben abschreibbar ist. Ein paar neue Schuhe sind wirklich nicht wichtiger als ein kleines Mädchen, das es morgens nicht erwarten kann, dich aufzuwecken, um dir den Vierteldollar zu zeigen, den die gute Fee ihr in der Nacht gebracht hat. Und ein nagelneuer Wagen aus zweiter Hand verblaßt, wenn dein kleiner Junge sagt: »Möchtest du, daß ich Schnee schaufle?« Also versuchen wir unseren Ärger mit dem Verständnis aufzuwiegen, daß man, will man in den Genuß der Belohnung dafür kommen, daß man Kinder hat, bereit sein muß, materielle Opfer zu bringen. Wenn wir uns anschnauzen, weil die Tatsache, daß wir eben Kinder haben, uns einiger unserer Lollipops beraubt hat, versuchen wir, uns gegenseitig daran zu erinnern, daß die Kinder ein Teil unseres Budgets sind – und weitaus lohnender als die Steuerermäßigung.

Problem Nr. 3 – Kinder beschränken deine Freiheit

Als wir geheiratet haben, lebten wir in New York und liebten die Stadt. Museen, Galerien, Theater, Restaurants – wir hatten Zeit und Geld, zu tun und zu machen, was uns beliebte. Jetzt leben wir in Montclair, New Jersey (was wir auch lieben). Unser großes Theatererlebnis in diesem Jahr war ein Familienausflug in »Krieg der Sterne«, und unsere Museumsausflüge waren nicht wirklich ein voller Erfolg. »Ich muß auf die Toilette«, verkündete Mark lauthals vor allen Leuten und hüpfte im *Guggenheim-Museum* auf einem Bein über den Gang. »Ist diese Dame schwanger oder nur fett?« fragte Liza laut und zeigte im *Metropolitan* mit dem Finger auf eine Matrone.

Na und? Bloß weil zwei Menschen nicht mehr die Freiheit haben, zu gehen wohin sie wollen und wann sie wollen, soll das Probleme für die Ehe geben? Vielleicht sollte es nicht, aber das tut es.

Mit Gefühlen ist das so eine Sache. Was im Augenblick richtig erscheint, muß eine halbe Stunde später nicht unbedingt noch viel Bedeutung haben. Wie aufregend und romantisch war es doch früher, von der Arbeit nach Hause zu kommen, das Abendessen vorzubereiten und es sich plötzlich anders zu überlegen – »Ach was, wirf das Steak wieder in die Tiefkühltruhe!« –, in ein gemütliches kleines Bistrot im Village zu gehen und sich bei Kerzenlicht verwöhnen zu lassen. Es nimmt einem Abend den ganzen Spaß, wenn man sieben Anrufe machen muß, um im letzten Moment noch einen Babysitter zu ergattern, wenn man sich schon einmal einen spontanen Abend machen möchte ... (Es ist wie wenn man mitten im Kuß unterbricht und sagt: »Entschuldige, ich muß noch mein Pessar einsetzen.«)

Die Lösung

Eines der Dinge, an die wir uns klammern, wenn wir am Sonntag in der New York Times durch die Kunst- und Freizeitspalten blättern, ist, daß wir erwachsene Menschen sind, die sich entschlossen haben, zu heiraten und Kinder zu bekommen. Kinder nehmen natürlich viel von der Spontaneität einer Ehe, aber sie bereichern unsere Ehe, weil wir teilhaben können an ihrem Heranwachsen und ihrer Entwicklung.

Wie Dr. Spock ganz richtig bemerkt hat, man muß nicht unbedingt der Gefangene seiner Kinder sein. Es muß nicht immer Disney World und Spielplatz sein. Es gibt Babysitter auf der Welt, und wenn ein Theaterstück oder eine Ausstellung wirklich interessant genug sind, um uns aus unserer Vorstadtträgheit aufzurütteln, können wir sie uns auch ansehen. Auch unsere Ferien sind kein unverantwortlicher Leichtsinn mehr, wir versuchen einfach, uns einmal etwas Gutes anzutun. Und wir schlagen den Kindern ein Geschäft vor: ein Vergnügungspark gegen ein Museum. Und wenn sie sich in unserem Museum langweilen, so ist das ihr Problem. Wir langweilen uns in ihrem Vergnügungspark auch.

Wenn wir ins Auto steigen, um in den großen Urlaub mit den Kindern zu starten, leisten wir uns wenigstens alle paar Tage ein Zimmer im Motel – selbst wenn wir die Reise abkürzen müssen, um uns das leisten zu können. Die Kinder lieben es, ihren eigenen Farbfernseher und ihre eigene Toilette zu haben. Wenn es auch nicht mehr so spontan ist wie früher, erinnern wir uns doch noch sehr gut, was man in einem Motelzimmer macht.

Problem Nr. 4 – Kinder machen das Privatleben kaputt

Es ist Winter. Liza ist fünf, Mark zwei Jahre alt. Bob kommt von der Arbeit nach Hause, geplättet von einem Durchschnittstag mit vierzehn größeren Krisen. Ich mache ihm die Türe auf – ein abgekämpfter Ringrichter. Liza und Mark stürzen an mir vorbei, begeistert, ein neues Opfer zu haben.

»Erzähl mir eine Geschichte«, bettelt Liza.

»Ich möchte ein Sparschweinchen haben«, verlangt Mark.

Bob gibt mir einen Kuß und stellt seine Aktenmappe weg.

Bald hat Mark sein Sparschweinchen, und Liza bekommt das Kapitel siebzehn aus den Abenteuern von Speaky vorgelesen, einem Vogel, der sprechen kann und Botschaften von Lizas bester Freundin, Prinzessin Schneewittchen, bringt, wenn sie in Schwierigkeiten ist (was dauernd der Fall ist) und Lizas Hilfe braucht (Liza löst alle Probleme auf die brillanteste und tapferste Art und Weise).

Schließlich geben wir den Kindern einen Gutenachtkuß und setzen uns in Ruhe hin.

»Mami, meine Schallplatte hängt!« ruft Liza.

»Ich kümmere mich darum«, sagt Bob.

»Ich möchte noch ein bißchen Milch«, schreit Mark.

Ich gehe in sein Zimmer, hole die Flasche, fülle sie mit Milch, bringe sie ihm, gebe ihm einen Kuß und gehe wieder.

»Du hast mir nichts vorgesungen«, schluchzt er.

Wenn es stimmt, daß man miteinander reden muß, wenn man einen Bauboom von trennenden Mauern verhindern will, ist die logische Folgerung, daß man sich auch die Zeit und Muße nehmen muß. Wir sind darauf gekommen, daß das Abendessen für uns die beste Zeit ist, miteinander zu reden. Aber es ist schwierig, zu reden, wenn Liza versucht zu zählen, wie viele Erbsen sie gleichzeitig über ihren Arm hinunterrollen lassen kann, und Mark sich Kartoffelbrei in die Ohren stopft. Manchmal ist es auch zehn Uhr geworden, ehe wir Zeit hatten, uns zum Abendessen zu setzen, aber wenn wir es dann getan haben, waren wir allein und hatten die Muße, uns zu unterhalten – über ein Problem, das an diesem Tag aufgetaucht war, über unsere Zukunft oder bloß über ein bißchen Familienklatsch. Das war für uns die Zeit, uns als Freunde zu begegnen – ein ganz spezieller und wichtiger Teil unseres Tages.

Jetzt, da die Kinder schon größer und zivilisierter sind, essen wir nicht mehr so oft allein zu Abend. Das Abendessen ist mittlerweile zum Höhepunkt des Tages geworden, aber immer noch haben wir das Bedürfnis, allein zu sein und die Möglichkeit zu haben, uns auf gewohnter Basis als Freunde zu treffen.

Eine unserer Antworten auf das Problem ist, weiterhin ein paar Tage in der Woche allein zu speisen. Manchmal ergibt sich das ganz natürlich, weil Bob später als gewöhnlich nach Hause kommt. Aber es geschieht nicht nur zufällig, wir lassen es geschehen, selbst wenn Bob einmal früher kommt, oder wir gehen zum Essen aus. Wir versuchen sogar, manchmal allein übers Wochenende wegzufahren.

Wir haben herausgefunden, daß ein Wochenende allein wie ein besonders wundervolles Tonikum auf unsere Ehe wirkt. Es gibt uns die Möglichkeit, uns zu unterhalten, und was noch wichtiger ist, es gibt uns die Möglichkeit, unsere Ehe wieder aufzufrischen, Liebende zu einem Zeitpunkt zu sein, den wir bestimmen, frei von Verantwortung, für endlose, magische Stunden einfach Mann und Frau zu sein – und nicht Mami und Daddy.

Ein Wochenende allein kann sich jeder leisten. Alles, was man braucht, ist eine willfährige Freundin (es hilft natürlich, wenn die Freundin eigene Kinder hat). Eines der luxuriösesten Wochenenden, das Bob und ich gemeinsam verbracht haben, war allein in unserem Haus. Während die Kinder mit ihren Cousinen Lisa, Linda und Vicki in deren Haus herumgetollt sind, haben wir das Wochenende in unserem Haus verbracht. Wir haben uns bis drei Uhr morgens im Fernsehen alte Filme angesehen, haben am nächsten Tag bis zehn Uhr geschlafen, uns anschließend geliebt, wieder geschlafen und sind um ein Uhr zum Frühstück aufgestanden.

Vielleicht empfindet nicht jeder das Bedürfnis, allein zu sein, so stark wie wir. Zwei der nettesten Menschen, die wir kennen, mit vier der hübschesten und glücklichsten Kinder, die man sich vorstellen kann, waren fünfzehn Jahre miteinander verheiratet, ehe sie einmal allein ein Wochenende verbracht haben. Und sie führen eine vorbildliche Ehe. Für uns und die meisten Menschen, die wir kennen, ist die Zeit, die wir allein verbringen, ein Auffrischungskursus für unsere Liebe.

Problem Nr. 5 – Kinder sind eine gute Waffe

Bob und ich haben uns geeinigt, daß auch Eltern Rechte haben – wie allein sein oder unverschämte Bitten mit Nein zu beantworten. Aber eine Ehe ist etwas ganz Kompliziertes. Genauso wie Kinder eine störende Kraft an sich sein können, können Eltern ihre Kinder als Waffe benützen und dadurch Schwierigkeiten in ihre Ehe bringen. Zum Beispiel:

Vor vier Jahren war Bob einmal auf einer Geschäftsreise gewesen. Er macht häufig Abstecher zu so glanzvollen Bädern wie Akron in Ohio, Westfield in Massachussetts oder King of Prussia in Pennsylvania. Damals war er jedoch in Boca Raton in Florida. Allein. Für vier Tage. Im Februar. Ohne mich.

Während seiner Abwesenheit hat die Batterie meines Autos den Geist aufgegeben, als ich mich auf der West Eighty first Street gerade halbwegs aus einer Schneewehe befreit hatte. Der Pannendienst sagte, ich soll im Wagen warten, bis sie kommen, was dreiundneunzig Minuten später der Fall war. Im Riverside Park ist mir unser Hund davongelaufen, und ich habe ihn während eines Orkans und fünfzehn Grad Kälte drei Stunden lang gesucht. Mark hat in einer Nacht fünfmal erbrochen und jedesmal sorgsam gewartet, bis ich das Bett frisch bezogen hatte. Und dann kam Bob zurück. Strahlend und braungebrannt!

Er kam spät am Abend und mußte am nächsten Morgen sehr früh ins Büro, hatte also keine Gelegenheit, die Kinder zu sehen. Aber er hatte jedem von ihnen ein Geschenk mitgebracht. Als die Kinder am nächsten Morgen aufwachten, habe ich ihnen die Geschenke gegeben. »Das hat Daddy euch aus Florida mitgebracht«, erklärte ich ihnen, »aber heute morgen mußte er schon ganz früh aus dem Haus.«

»Danke, Mami«, sagten sie.

Was für eine wunderbare und einfache Waffe! Ich war wütend auf Bob, aber wie könnte ich diese Wut verdeutlichen? Ich bin ein vernünftiger Mensch. Ich wußte, daß er mich nicht auf die Reise hatte mitnehmen können. Ich wußte, er konnte nichts für die streikende Batterie, den entlaufenen Hund und das sich erbrechende Kind – so etwas weiß man mit dem Verstand, aber ich hatte das Gefühl, vom Leben sehr ungerecht behandelt zu werden, und war wütend auf ihn, daß er einen netten »Urlaub« gehabt hat und ich vier unangenehme Tage.

Also benutzte ich meine Kinder als Waffe, um meine Irritation und Frustration auszudrücken. Ja, *er* hat die Geschenke gekauft, da *ich* sie ihnen jedoch überreicht habe, hat es so ausgesehen, als mache er sich nicht genügend aus ihnen, um sie ihnen persönlich zu übergeben. Aber *ich* bin hier. *Ich* mache mir etwas aus ihnen. Ich habe die Geschenke zwar nicht gekauft, aber ich bin diejenige, die sie ihnen gibt.

»Danke, *Mami.*«

Das ist ein prima Trick, eine Variation von einem anderen, den ich von meiner eigenen Mutter gelernt habe. Ihrer ging folgendermaßen:

»Mami, alle Kinder haben ein Fahrrad. Ich möchte auch ein Fahrrad haben.«

»Ich wünschte auch, du hättest ein Fahrrad, aber Fahrräder sind teuer. Ich weiß nicht, ob dein Vater soviel Geld ausgeben möchte.«

»Warum fragen wir ihn nicht einfach?«

»Weiß du was? Ich frage ihn einmal, wenn er guter Stimmung ist, und werde sehen, was ich für dich tun kann.«

Es gibt viele Möglichkeiten, Kinder als Waffe zu benützen. Zum Beispiel:

»Daddy, die Mami gibt mir keine Nachspeise, wenn ich nicht vorher alles aufgegessen habe. Daddy, darf ich wirklich keine Nachspeise haben? Das finde ich nicht fair.«

»Meinetwegen kannst du ruhig deinen Nachtisch haben, aber wenn deine Mutter nein gesagt hat, kann ich nicht viel machen ...«

»Das Problem mit deinem Vater ist, er ist so gedankenlos. Heute ist unser zehnter Hochzeitstag, und er hat nicht einmal vorgeschlagen, mich zum Essen auszuführen. Wahrscheinlich bringt er mir nicht einmal ein paar Blumen!«

»He, warum essen wir so spät? Die Kinder sind am Verhungern! Wenn eure Mutter nicht den ganzen Nachmittag (ha, ha!) vor dem Fernsehapparat sitzen würde, bekämt ihr auch rechtzeitig was zu essen.«

»Mami, Daddy hat gesagt, ich muß um acht ins Bett, aber heute abend gibt es doch die Tiersendung im Fernsehen. Darf ich mir das bitte anschauen?«

»Natürlich darfst du das. Es ist ja nur einmal in der Woche.«

Die Lösung

Es ist ein großer Schritt von der indirekten Waffe, den Kindern das Geschenk, das Daddy gekauft hat, selbst zu geben, bis zur Unterminierung seiner Autorität. Das Problem jedoch bleibt das gleiche. Es ist einfach und praktisch, seine Kinder zu benutzen, um Gefühle auszudrücken, die man nicht offen und direkt ausdrücken kann. Aber es ist wahnsinnig destruktiv, was die Beziehung des Kindes zu seinen Eltern anbelangt, und tödlich für die Ehe, weil es so viele Türen zuschlägt.

Die Anzeichen sind leicht zu erkennen. Die Kinder als negatives Echo mißbrauchen, Autorität untergraben, die Wünsche des anderen Elternteils widerrufen – all dies sind Anzeichen, daß man wütend ist auf seinen Partner und die Kinder benutzt, um seiner Wut Ausdruck zu verleihen.

Bob und ich haben nicht viele Regeln in unserer Ehe, aber eine davon ist, nie vor den Kindern etwas Negatives übereinander zu sagen und niemals, und wenn uns das Herz bricht, einem Kind etwas zu gestatten, was der andere verboten hat. Wenn ich mich über Bob beschweren will, dann mache ich das mit ihm aus, aber nicht mit Liza, wie einfühlsam sie mir auch zuhören könnte. Und wenn Bob mit einer meiner Verordnungen für die Kinder nicht einverstanden ist, bespricht er das mit mir, und wir erörtern das gemeinsam. Für gewöhnlich tun wir das, wenn wir allein sind, so daß wir hinterher sagen können: »Daddy und ich haben darüber nachgedacht und haben beschlossen . . .«

Es ergibt sich auch zuweilen, daß wir vor den Kindern nicht einer Meinung sind, aber nur, wenn es sich um etwas handelt, was *sie* betrifft. Es gibt Situationen, da muß das Problem im selben Augenblick gelöst werden, es gibt keine Zeit für eine Konferenz. Es ist für ein Kind gar nicht so einfach, immer einer Front aus Vater und Mutter gegenüberzustehen. Hie und da stellen wir uns auf die Seite eines der Kinder gegen den Partner, doch wir geben acht, daß die Diskussion dem Kind hilft und daß sie sich nicht destruktiv für das andere Elternteil auswirkt, indem wir darauf hinweisen, daß es gewisse Tatsachen gibt, die das andere Elternteil vielleicht nicht bedacht hat.

Kinder spüren schnell, wenn sie als Waffe benutzt werden, und ergreifen die Möglichkeit, ein Elternteil gegen das andere auszuspielen, um das zu bekommen, was sie wollen – wenn die Eltern ihnen die Gelegenheit dazu geben. Ein beliebter Trick bei

Kindern ist, den einen Elternteil um etwas zu bitten und, wenn die Antwort nein lautet, zum anderen Elternteil zu gehen und dieselbe Frage zu stellen – wobei sie natürlich tunlichst vergessen zu erwähnen, daß der andere es bereits verboten hat.

»Wie kannst du Mark erlauben, mit David ins Kino zu gehen, wenn ich gesagt habe, er muß zu Hause bleiben und sein Zimmer aufräumen?«

»Woher soll denn ich das wissen? Bin ich Gedankenleser?«

In unserem Haus gibt es zwei Dinge, für die ein Kind bestraft wird. Das erste ist, wenn es lügt, das zweite, wenn es uns gegenseitig ausspielt.

Problem Nr. 6 – Kinder gegen Karriere

Melinda ist Redakteurin einer Frauenzeitschrift, eine dynamische, talentierte Frau. Sie und ihr Mann Norman haben ein Kind, das sie anbeten. Melinda hat ihre Stellung, auch als das Kind auf der Welt war, nicht aufgegeben. »Wenn ich zu Hause geblieben wäre«, erklärte sie mir einmal, »hätten Susan und ich angefangen, uns zu hassen.«

Bevor Susan auf die Welt gekommen ist, haben Norman und Melinda beschlossen, ein Dienstmädchen zu engagieren, das auf das Baby aufpaßt. Sie fanden eine liebevolle Frau, die Susan fast genauso vergötterte wie sie selbst. Am Anfang ging Melindas Gehalt beinahe zur Gänze für die Kinderpflege auf. Sie war von Schuldkomplexen geschüttelt. Ist es richtig, sein Kind jemand anderem zur Erziehung zu überlassen? Wozu hat man ein Kind, wenn man nicht bereit ist, selbst dafür zu sorgen?

Norman hat sie in jeder Hinsicht unterstützt. »Susan ist in guten Händen – die Qualität der Zeit, die du mit ihr verbringst, nicht die Quantität zählt«, tröstete er Melinda. »Es gibt keinen Grund für dich, zu Hause zu bleiben und für Susan zu sorgen, ebensowenig wie für mich. Das ist nicht das, was wir mit unserem Leben vorhaben. Aber wir wollten ein Kind, und es ist unser gutes Recht, eines zu haben.«

Melinda und Norman haben sich zu etwas entschlossen, was

richtig war – für sie selbst. Susan wächst zu einem glücklichen, selbstbewußten Geschöpf heran. Melinda ist heute eine der bestbezahlten und geachtetsten Frauen in ihrer Branche. Melinda und Norman führen eine harmonische Ehe. Hätte Melinda jedoch dem Druck von außen nachgegeben (und davon hat es jede Menge gegeben), wäre zu Hause geblieben und hätte Susan versorgt, wäre sie eine unzufriedene Mutter und eine noch unzufriedenere Ehefrau geworden – die das Gefühl hat, wegen des Kindes in der Falle zu sitzen, und die den Mann um seine Freiheit beneidet.

Und genau das ist mit unserer Freundin Beth passiert. Sie und Jim haben drei Kinder, und sie haben es immer für selbstverständlich gehalten, daß Beth ihre Stellung als Lehrerin aufgibt, um für die Familie zu sorgen. Ihre Kinder sind wunderbar, streiten jedoch ständig miteinander und werden von ihren Eltern angebrüllt. Mindestens einmal im Monat ist Beth soweit, daß sie alles hinschmeißen und verschwinden möchte.

»Es gibt Tage«, hat sie mir neulich erzählt, »an denen ich das Gefühl habe, nichts anderes getan zu haben, als die Blumen zu gießen. Ich sehe nur mehr schmutziges Geschirr vor mir, Töpfe, schmutzige Wäsche, Supermärkte, Betten, die gemacht werden müssen – und dreimal am Tag den gottverdammten Tisch abräumen! Manchmal, wenn die Kinder nach dem Mittagessen wieder in die Schule gegangen sind, setze ich mich hin und heule. Ich hasse es, wenn Jim morgens weggehen kann, als könnte er entfliehen, und ich nicht.«

Der Konflikt zwischen Beth und Jim ist mit jedem Kind größer geworden. Wir glauben, die beiden haben einen Entschluß gefaßt, der falsch war – für sie selbst. Bob und ich haben Beth gedrängt, sich eine Stellung zu suchen, selbst wenn sie nicht viel mehr einbringt, als für eine Kraft zu zahlen, die sich um die Kinder und den Haushalt kümmert. Sie und Jim sind bereits so unglücklich, daß von ihrer Ehe nicht mehr viel übriggeblieben ist.

Melinda und Beth sind Extreme. Die meisten Ehepaare, die wir kennen, folgen dem Standardmuster, mit mehr oder weniger Erfolg. Wenn sie sich entschließen, Kinder zu bekommen, beschließen sie auch, daß die Frau zu Hause bleibt, um sich um sie zu kümmern, bis sie groß genug sind und die Frau wieder arbeiten kann, sollte es notwendig oder ihr Wunsch sein. Im großen und ganzen funktioniert dies auch.

Linda ist tüchtig, lebhaft, herzlich und liebevoll. Sie erledigt ihre Arbeit und findet immer noch Zeit, Tennis zu spielen, sich um die Rosen im Garten zu kümmern, freiwillig in der Schulbibliothek auszuhelfen und mit ihren Kindern nach der Schule Fahrrad zu fahren. Und fürchtet sich vor dem Tag, an dem die Kinder aus der Schule sind und sie wieder arbeiten muß.

Für unsere Nachbarin Patty ist das Leben eine mittlere Enttäuschung. Sie ist eine bequeme Person, die von einem Tag zum anderen lebt – hat nichts gegen ihre Kinder, hat aber auch keinen Spaß an ihnen. Nie hat sie Zeit, mit ihnen zu spielen, ihren Haushalt schafft sie so gerade. Doch abends geht sie oft mit ihrem Mann aus, und das scheint die Ehe auf einer vernünftigen Ebene zu halten.

Jill arbeitet zu Hause. Sie schickt die Kinder in die Schule, kümmert sich um ihren Haushalt und setzt sich anschließend an die Arbeit. Jill macht Kunstgewerbe. Früher war sie eher wegen ihrer zehn linken Daumen bekannt als wegen ihrer Geschicklichkeit, aber sie hat sich die Preise angesehen, die diese hübschen kleinen Geschenkartikel kosten, und ist eine Expertin in Teewärmer-Sticken und Rüschen-auf-Kissen-Nähen geworden.

Sie verdient kein Vermögen, aber sie hat das Gefühl, produktiv zu sein, und ist mit ihrem Leben zufrieden. Wenn die Kinder aus der Schule kommen, ist sie glücklich, sie wiederzusehen und legt die Arbeit weg. Wie Sie sich vorstellen können, wirkt sich Jills Freude darüber, wie sie sich ihr Leben eingeteilt hat, natürlich positiv auf ihre Ehe aus.

Die Antwort ist für jeden verschieden. Ich genieße die Kinder, und ich genieße den Luxus, zu Hause bleiben zu können. Es ist angenehm, mich mit einer zweiten Tasse Kaffee und der »New York Times« hinsetzen zu können, wenn alle anderen aus dem Haus gestürzt sind. Das Leben einer Hausfrau ist allerdings auch mir zu Beginn schwergefallen. Deshalb habe ich auch angefangen, mit Bob dieses Buch zu schreiben. Wenn ich zwei Stunden am Tag an der Schreibmaschine verbringen kann, habe ich das Gefühl, mein Verstand ist so beflügelt, daß er auch weltbewegende Probleme wie z. B., was ich für ein Waschmittel kaufen oder was ich am Donnerstag abend kochen soll, lösen kann.

Wichtig ist, daß das Problem Kinder gegen Karriere – im vorhinein, wenn möglich – geklärt wird. Jede Frau, die sich an das Haus gefesselt fühlt, die den Ehemann um seine Bewegungsfreiheit beneidet, wird in ihrer Ehe nicht mit vollem Herzen dabeisein. Und das kann nur zu Schwierigkeiten führen.

Warum haben also zwei Menschen, die sich lieben und eine heile Ehe führen wollen, überhaupt Kinder? Weil Kinder etwas Fabelhaftes sind. Weil sie uns Freude machen. Weil wir die schönen, wundervollen, komischen Dinge, die sie tun, mit ihnen teilen können und weil es gut für unsere Ehe ist, wenn wir so voller Stolz, Freude und Staunen sind.

Zum Beispiel: Liza ist sieben Jahre alt. Es ist ein Wintermorgen. Ich toaste frisches weißes Brot. Sie kommt hereinspaziert und schnüffelt: »Es riecht nach Sonntagnachmittag.«

Mark ist fünf. Wir sitzen bei Tisch und unterhalten uns über George Washington und seine Leistungen. Mark windet sich und sagt schließlich: »Washington ist doch gar kein Mann, das ist eine Brücke.«

Liza ist drei. Wir gehen mit ihr in den Zoo in der Bronx, der Höhepunkt für sie ist eine Fahrt mit der Kindereisenbahn. Geht nicht jedes Kind nur deshalb in den Zoo? Wir bleiben vor den Giraffen stehen. Plötzlich beugt sich eine über den Zaun und schaut auf uns herunter. Liza starrt fasziniert zurück und sagt:

»In meinem ganzen Leben habe ich noch keine Giraffe gesehen!«

Liza ist acht, Mark ist fünf. Es ist zwei Uhr morgens. Wir hören Liza weinen. Sekunden später sind Bob und ich hellwach, aus dem Bett und in ihrem Zimmer. »Ich habe einen bösen Traum gehabt«, sagt sie schluchzend. Mark kommt hereinspaziert und reibt sich die Äuglein. Er setzt sich neben sie auf das Bett und legt seine Arme um sie. »Hab keine Angst mehr«, sagt er, »dein kleiner Bruder ist da.«

Kinder können der Zement einer Ehe sein. Wenn ich Bob beobachte, wie er sich für die Kinder aufopfert und wirklich daran arbeitet, ein guter Vater zu sein, wächst mein Respekt für ihn ins Unermeßliche, und ich hege liebevolle, zärtliche Gefühle für ihn. Für das, was er für unsere Kinder ist, was er für sie bedeutet, liebe ich ihn noch mehr.

Vor ein paar Tagen mußte Bob für drei oder vier Tage verreisen. Liza war untröstlich. Nicht so sehr, weil Daddy wegfuhr, sondern, weil er mitten in einem von Schneewittchens aufregendsten Abenteuern wegfuhr. Um sechs Uhr abends ging das Telefon.

»Ferngespräch für Liza Greenwald.«

Ferngespräch? Noch nie in ihrem sechsjährigen Leben hat sie ein Ferngespräch bekommen! Es war Bob natürlich, und er erzählte ihr die nächste Episode von Lizas Abenteuer im Phantasieland. Jeden Abend rief er um sechs Uhr an, bis er wiederkam. Wenn das ein Kind nicht dazu bringt, seinen Vater zu lieben – und eine Frau ihren Mann!

Kinder sind eine gemeinsam empfundene Freude. Sie haben unsere Liebe zueinander nur noch größer gemacht, hie und da ist es uns jedoch wichtig, als Mann und Frau eine Weile allein zu sein. So sehr wir es lieben, mit den Kindern zusammen zu sein, gibt es doch nichts Schöneres, als alleine mit seinem Mann in einem Hotelzimmer zu sein und zu wissen, daß die Türe nicht plötzlich auffliegen und eine Stimme neben deinem Bett »Überraschung!« piepsen kann.

3. Geld

Bob und ich waren auf unserer Hochzeitsreise, einer zweiwöchigen traumhaften Kreuzfahrt, auf der Santa Rosa durch die Karibik. Unsere Kabine, das Schiff, das Essen, der Service – alles war Hollywood. Wir waren die glücklichsten Menschen auf der Welt. Nach Jahren der Suche (wir waren beide fünfunddreißig) hatten wir uns gefunden. Es war ein Wunder.

Wie andere Menschen auch hatten wir uns viele Stunden lang über die grundlegenden Probleme unterhalten, die geklärt werden mußten, damit wir mit der Lösung leben konnten.

Wo sollten wir leben? In seiner Wohnung? In meiner Wohnung? Die Antwort war einfach. Eine neue Ehe, eine neue Wohnung. Nicht seine, nicht ihre – sondern unsere (vielleicht mit einem extra Zimmer für zwei Kinder?).

Könnte ich meine Arbeitszeit ändern, damit wir mehr Zeit füreinander haben? Während der Hauptsaison habe ich auch abends und am Wochenende im Reisebüro gearbeitet. Mit dieser Last auf dem Rücken wollte ich nicht eine Ehe anfangen. Habe ich auch nicht getan. Ich habe mir eine direkte Telefonverbindung zum Büro legen lassen und zu Hause gearbeitet. Die Zeit, die ich durch den Hin- und Rückweg eingespart habe, sowie das Wegfallen von Unterbrechungen erwirkten, daß ich meine Arbeit in einem Drittel der üblichen Zeit schaffte. Und wenn es manchmal unumgänglich war, abends oder am Wochenende zu arbeiten, war Bob wenigstens im anderen Zimmer und nicht in einem anderen Stadtteil.

Wollten wir Kinder haben? Wenn ja, wollten wir gleich am Anfang eine Familie gründen oder lieber eine Weile warten? Und wie lange? Ich wollte Kinder, Bob war sich da nicht so sicher. Die Antwort auf diese Frage haben wir erst einmal aufgeschoben.

Wie sollten wir unser Geld einteilen? Ein gemeinsames oder zwei separate Konten – oder beides? Wir entschlossen uns zu einem gemeinsamen Konto und einem Sparkonto – und dazu, unser Geld zusammenzulegen. (Das haben wir später wieder geändert.) Ich habe jetzt ein eigenes kleines Sparkonto. Dabei fühle ich mich wohler – ich komme besser mit dem Geld zurecht.

Ehe wir auf Kreuzfahrt gingen, machten wir aus, wieviel Geld wir mitnehmen sollten, Bob kaufte Travellerschecks. In *seinem* Namen. Und ich nahm alles an Bargeld mit, was ich von der Woche vor der Hochzeit übrig hatte.

Die Kreuzfahrt war ein Traum. Tag für Tag zusammen zu sein, ohne jede Verantwortung und nichts zu tun zu haben, außer alles zu genießen, und uns näher kennenzulernen. Es war der Himmel auf Erden. Und dann kamen wir nach Aruba.

Aruba hat saubere, weiße Strände, eingerahmt von prächtigen Felsformationen. Das Wasser ist türkisfarben, nicht einfach blau. Die Geschäfte quellen über mit Schätzen aus aller Welt.

Wir spazierten durch das kleine, aber fesselnde Einkaufszentrum und entdeckten ein Schmuckstück – eine Armbanduhr mit Bändern in allen Farben. Sie kostete ganze zehn Dollar. Und ich brauchte dringend eine neue Uhr.

Ich schaute in meine Geldbörse, hatte aber nur mehr 8,50 Dollar und wandte mich an Bob.

»Liebling, ich brauche etwas Geld«, sagte ich.

»Wofür?« wollte er wissen.

Wofür? Fassungslos starrte ich ihn an. Stundenlang hatten wir uns unterhalten, daß es nicht »sein« Geld ist und nicht »mein« Geld, sondern »unser« Geld – und dann fragt er mich »wofür?« Ich habe mich umgedreht und das Geschäft verlassen.

»Was ist denn los?« fragte er offensichtlich besorgt.

»Nichts.« Ich war zu verletzt, um reden zu können.

Wir haben einen scheußlichen Nachmittag an einem der schönsten Strände der Welt verbracht. Wir saßen schweigend vor einem phantastischen Abendessen im Aruba International, und ich stand wütend daneben, als Bob unsere – dafür eingeteilten – fünfundzwanzig Dollar im Casino verspielte.

»Möchtest du auch einmal Black-Jack versuchen?« fragte er mich.

Und dich um etwas von »unserem« Geld bitten zu müssen? dachte ich. Vergiß es!

Aber das habe ich nicht gesagt. Ich sagte lediglich: »Nein, ich habe keine Lust«, stand verdrießlich herum und schaute ihm zu.

Als wir zurück in unserer wunderhübschen Kabine auf dem Schiff waren, ging ich zu Bett und vergrub mich unter der Decke. Bob setzte sich neben mich und klopfte mir auf die Schulter.

»Ich glaube, du hast etwas vergessen«, sagte er.

»Oh, ja«, erwiderte ich und gab ihm einen lustlosen Kuß auf die Wange. »Gute Nacht.«

Er rührte sich nicht vom Fleck, streckte seine Hand aus und sagte: »Mein Name ist Bob Greenwald. Wie ist Ihr Name?«

Er machte eine Pause. »Können wir uns unterhalten?« Das war unser erstes Gespräch, unsere erste Einsicht, wie sich so ein Geldproblem entwickeln kann, scheinbar aus dem Nichts, und wie schwierig es ist, darüber zu reden. Ich wollte nicht mit ihm reden. Ich war wütend, ich wollte ihn mit meinem Schweigen bestrafen. Ich *wollte* ihm nicht verzeihen.

Aber er war so süß, so lieb, so fassungslos und besorgt über das, was passiert ist, daß ich ihm, obwohl ich immer noch wütend war, nicht verweigern konnte, mit ihm zu reden. Und so haben wir angefangen, uns zu unterhalten.

Was wir dabei entdeckten war, daß Geld *natürlich* eine Rolle spielt und daß ich mich als erwachsener Mensch nicht plötzlich damit abfinden konnte, Bob um Geld zu bitten, genausowenig wie er sich dabei wohl fühlen würde, wenn er mich um Geld bitten müßte. Für Bob war es ganz natürlich gewesen, wissen zu wollen, was ich mit unserem (seinem) Geld anzufangen gedachte, genauso wie es für mich ganz natürlich war, daß ich mich darüber geärgert habe, daß er mich gefragt hat, wofür ich unser (mein) Geld ausgeben wollte. Danach haben wir dieses Problem lange Zeit gemieden, indem wir »seine« und »ihre« Travellerschecks mitgenommen haben, erst als wir uns in der Beziehung ungezwungener fühlten, hat dieses Bedürfnis langsam nachgelassen.

Seit unserer Hochzeitsreise haben wir an der Tatsache festgehalten, daß wir Freunde sind, daß wir uns lieben, auch wenn wir wütend aufeinander sind, und tief im Herzen eigentlich nur wollen, daß diese häßlichen Gefühle verschwinden. Wie bei so vielen anderen Menschen war das liebe Geld auch unser erstes eheliches Problem. Es war auch nicht unser letztes Geldproblem. Einige waren groß, einige verhältnismäßig klein, denn wie zwei Menschen, die zusammenleben, ihr Geld ausgeben, ist nie bedeutungslos. Hier sind einige der Probleme und die Antwort darauf:

Trinkgelder

Ich glaubte meinen Augen nicht zu trauen, als ich sah, wieviel Trinkgeld Bob gab. Pagen zankten sich herum, wer seine Koffer tragen durfte, Taxifahrer rissen sich um ihn. Ich habe mich immer für einen »fairen« Trinkgeldgeber gehalten – großzügig, wenn das Service dementsprechend war, gerecht, wenn das Service Durchschnitt war. Aber was bei mir großzügig war, war bei Bob das Minimum, und was für Bob Durchschnitt war, überwältigte mich.

Bevor wir geheiratet haben, habe ich mich immer gewundert, daß Bob sein Geld mit offenen Händen ausgab. Nachdem wir geheiratet haben, war ich schockiert. Wie konnte er nur unser (mein) Geld so aus dem Fenster werfen?

(Anmerkung von Bob: Bevor wir geheiratet haben, haben mich Dorothys kleinliche Trinkgelder etwas verwirrt, danach hätte ich mich am liebsten jedesmal in ein Mauseloch verkrochen.)

Geschenke

Bob pflegte schon im Januar mit seinen Weihnachtsgeschenken anzufangen. Wann immer er etwas Besonderes sah, bestellte er zehn Stück davon, mit der Entschuldigung, er würde auf seiner gigantischen Liste schon ein Opfer dafür finden. New York ist voll von Menschen, die ihre Wohnung zum Teil mit frühen Bob-Greenwald-Geschenken eingerichtet haben. An Geburtstagen, Weihnachten und Jahrestagen ist Bob immer mit Armen voller Geschenke für jeden angerückt gekommen.

Ich habe Bob im November kennengelernt. Wir waren noch nicht verheiratet, als wir unser erstes Weihnachten gemeinsam verlebten. Vor den Festtagen haben wir sechs Abende und ein ganzes Wochenende damit verbracht, Geschenke für Bobs Freunde und Angehörige einzupacken. Aber es war sein Geld, seine Art zu leben, und ich fand es hinreißend. Als das nächste Weihnachtsfest vor der Türe stand, waren wir bereits acht Monate verheiratet, es war unser Geld, unsere Art zu leben. Und ich fand es lange nicht mehr so hinreißend.

Hobbys

Bob ist ein phantastischer Photograph. Er ist der Meinung, wenn eine Aufnahme gut ist, sind sechsunddreißig noch besser. Bei jedem Klicken sieht er ein Kunstwerk. Ich höre die Kasse klingeln.

Ich bin großartig darin, Dinge anzufangen. Im Keller habe ich meine »Samenbank«. Da finden Sie genügend Gemüsesamen, um eine kleine Farm zu starten – was ich auch vorhatte, als wir nach Montclair übersiedelten. Da finden Sie auch eine reiche Auswahl an Blumensamentüten, Zwiebelknollen, Topferde, Schaufeln und Düngemitteln mit interessanten Namen wie 5–10–5. Wenn Bob an dieser Ecke vorbeikommt, schaut er tunlichst weg.

Haushalt

Bob ist fest davon überzeugt, wenn ich aufhören würde, den Kindern Coca-Cola zu kaufen, wäre unser ganzes Budget im Lot. Ich hingegen weiß, es käme ins Lot, wenn Bob aufhören würde, von jedem Flohmarkt mit alten Werkzeugen heimzukommen, ohne die man – seiner Meinung nach – in einem Haus unmöglich auskommen kann.

Und so geht es weiter. Es klingt lächerlich, wenn man so

darüber schreibt, aber wenn man daran beteiligt ist, ist es überhaupt nicht lächerlich. Es ist eine Frage der Leidenschaften.

Es gibt Dutzende von Gefahrenbereichen in jeder Ehe; kleine, unwichtige Differenzen, weil man sich nicht einigen kann, wie man das Geld ausgeben soll. Diese Bereiche sind nicht weniger gefährlich, weil sie klein sind. Sie sind viel gefährlicher, weil sie fabelhafte Ziegel für die Mauer abgeben. Wir kamen zu der Einsicht, daß eine unserer ersten wichtigen Entscheidungen sein muß, wie wir unser Geld für derartige Kleinigkeiten ausgeben wollen. Wenn wir uns nicht auf ein paar grundsätzliche Prinzipien einigten, gäbe es ständige Irrationen und Ärger.

Wir unterhielten uns darüber, wie man Richtungslinien findet, nach denen man leben kann. Das ist ein Prinzip, das zum Schlüsselfaktor in allen Aspekten unserer Ehe geworden ist, ob nun auf dem Gebiet des Geldes, unserer Wohnungseinrichtung oder der Erziehung unserer Kinder. Irgendwo mußte es doch eine Lösung dieses Problems geben, die uns beide befriedigte. Wenn wir uns Mühe gaben, mußte es doch eine Lösung geben, die wir beide für richtig hielten. Und wir haben die Lösung gefunden, indem wir uns durch diese irritierenden »kleinen« Probleme hindurchgeredet und eine Lösung gefunden haben, mit der wir beide leben können.

Die Lösung

Trinkgeld

Außer in dem Fall, daß Bob mich nach meiner Meinung fragt oder ich ihn nach seiner, mischen wir uns nicht ein. Wer die Rechnung bezahlt, bestimmt das Trinkgeld. Das verlangt schon der gegenseitige Respekt. Davon abgesehen gibt es kein Gesetz, das besagt, ich muß ihm über die Schulter schauen und Prozentrechnungen anstellen. Ich kann sein Gast sein oder er der meine, und jeder handhabt das Problem auf seine Art.

Geschenke

Außer es handelt sich speziell um ein Geschenk von ihm oder von mir, besprechen wir gemeinsam, wieviel es kosten darf. »Unsere eigenen« Geschenke sind »unser eigener« Entschluß, wobei wir beachten, was wir uns leisten können. Und in besonderen Fällen auf das, was das Herz für richtig hält, selbst wenn das Budget etwas überfordert wird.

Hobbys

Das ist ein individueller Entschluß. Wir kennen beide die Höhe unseres Einkommens, und in diesem Rahmen fühlen wir uns frei, unsere Wünsche zu befriedigen. Wir müssen unsere Einkäufe nicht voreinander rechtfertigen. Ich muß nicht den besten Gemüsegarten in Montclair haben, nur weil mich die Tomate fünfundsiebzig Cent kostet. Jedes Dia, das Bob macht, muß nicht unbedingt ein Meisterwerk sein (obwohl fast alle seine Photos *hinreißend* sind). Hobbys sind zum Spaß da, und wenn wir bei jedem Schritt eine Konferenz einberufen müssen, geht der Spaß flöten.

Haushalt

Wenn wir auf den Markt gehen, kaufe ich für die Kinder Coca-Cola und Fruchtsäfte. Wenn Bob einkaufen geht, kauft er ihnen Schokolade und Kaugummi. Wenn sie mit uns kommen, bringen wir auch saure Drops und Glücksbringer mit nach Hause. Einmal haben wir uns hingesetzt und ausgerechnet, wieviel Geld wir sparen würden, wenn wir nicht all den Unsinn kaufen würden, und kamen zu dem Entschluß, wenn die Zähne unserer Kinder es aushalten, unser Budget kann es auch.

Was die Flohmarktkäufe anbelangt, beschloß ich, mich Bob in dieser Beziehung anzuschließen. Meine Auswahl an Keksstechern, Blumentöpfen und 25-Cent-Stoffresten verdrängen bereits seine 50-Cent-Werkzeuge vom Dachboden.

Es gibt Dutzende von Gebieten, in denen kleine Geldkonflikte große Probleme in die Welt rufen können – Einladungen, Babysitter, Spielzeug ... Was ist extravagant, und was ist notwendig? Wann wird etwas, das für den einen eine Extravaganz ist, für den anderen zur Notwendigkeit?

Die Entscheidung, zu der wir auf diesem Gebiet gekommen sind, besagt, daß der Gesamtbetrag für all diese Kleinigkeiten wirklich so klein ist, daß sie unseren Lebensstandard nicht beeinträchtigen. Es macht wirklich nichts aus, wenn Bob in seinem Schrank ein ganzes Fach alter Laternen hat, die so »günstig« gewesen sind, daß er auf dem Flohmarkt einfach nicht widerstehen konnte, oder ob ich eine ganze Schublade voll Schals habe, für die ich schon eines Tages das richtige Kostüm finden werde. Es macht nichts aus – solange wir es nicht zulassen, daß es etwas ausmacht. Solange wir uns gegenseitig genügend respektieren, um innerhalb der großzügigen Grenzen grundsätzlicher finanzieller Entscheidungen frei leben zu können.

Kaum hatten wir die Formel gefunden, waren die tödlichen »kleinen« Geldprobleme überhaupt nicht mehr tödlich. Wir teilten unser Geld ein, jedoch nicht so eng, daß es dem anderen an die Gurgel ging. Locker oder nicht, jedenfalls haben wir das Geld von da an immer als »unser« Geld betrachtet.

Nicht jedes Ehepaar bekommt dies in den Griff. Unsere Freunde Paula und Harold zum Beispiel nicht. Paula arbeitet, seit ihr jüngstes Kind in die Oberschule gekommen ist. Als wir letzten Winter einmal mit ihnen gegessen haben, erzählte uns Harold, daß sie, dank Paulas Geld, das sie in dem Jahr verdient hat, in der folgenden Woche eine Kreuzfahrt unternehmen würden.

»Ich wünschte nur, es *wäre* mein Geld«, setzte uns Paula in Erstaunen. »Dann hätte ich wenigstens Spaß daran.« Sie wandte sich an Harold. »Du weißt genau, wohin mein Geld fließt. Damit unterstützen wir deine Mutter.«

Paula und Harold haben verschiedene Geldtaschen. Beide betrachten das Geld, das sie verdient, als ihr Geld und das, was er verdient, als »ihr gemeinsames« Geld, aber eigentlich ist es »seines«. Wenn eine Entscheidung getroffen werden muß, hat er das letzte Wort, weil er die Rechnungen bezahlt. Das hat den

Vorteil, daß Paula das Gefühl hat, keinerlei finanzielle Verantwortung zu tragen. Paulas Geld geht in die psychologische Tasche, die sie gerade für richtig hält. Wenn sie guter Laune ist, geht das Geld in die Kreuzfahrttasche, wenn sie schlechter Laune ist, geht das Geld in die »Mutter-Unterhalts-Tasche«.

Dem Problem von Harold und Paula mußten wir uns auch stellen, als ich zu arbeiten aufhörte. Es ist leicht zu sagen, es ist »unser« Geld, wenn beide zum Einkommen beitragen, eines Tages jedoch stand ich vor dem Problem, daß alles Geld, das ins Haus kam, »seines« war.

Ich war »in den Ruhestand« getreten, weil ich nicht mehr mit zwei Kindern, einem Haus und einem Reisebüro nebeneinander fertig geworden bin. Ich war traurig, als ich meine Stellung aufgeben mußte, nicht weil ich eine »Karriere« aufgab – ich konnte es in der Tat kaum erwarten, den ganzen Tag mit meinen beiden Kindern zusammen zu sein, mit meinen Pflanzen und meinen Kochbüchern –, ich war traurig, weil ich all das schöne Geld aufgeben mußte (gar nicht zu reden von den schönen Reisen, die wir uns nie ohne die großzügigen Vorteile, die Reisebüros eben genießen, hätten leisten können).

Meine Stellung aufzugeben konfrontierte mich mit zwei Problemen. Eines war sehr wirklichkeitsnahe. Weniger Dollars kamen ins Haus. Selbst wenn Bob mehr verdiente, was irgendwann natürlich auch der Fall war, gab es plötzlich nur mehr ein Einkommen, und das machte sich empfindlich bemerkbar. Das zweite Problem entsprang meiner Phantasie, doch so sah ich das damals noch nicht.

Ich hatte meine »Unabhängigkeit« verloren. Plötzlich war es nur mehr »sein«Geld, das aufs Konto kam. Jede Flasche, jedes Paar Schuhe konnten nur dann gekauft werden, wenn Bob zur Arbeit ging und mir das Geld *gab*, damit ich bezahlen konnte.

Ich erinnere mich noch an meine erste Woche ohne meinen wöchentlichen Scheck. Ich habe mehr im Haushalt ausgegeben, als ich festgesetzt hatte, und wollte Bob unbedingt den Fehlbetrag erklären. Er sollte nicht denken, daß ich »sein« Geld idiotisch zum Fenster hinauswerfe.

»Ich mußte heute einen Scheck über dreißig Dollar ausstellen«, erzählte ich ihm am Abend und rasselte einen Sermon über Reinigung, Antibiotika für die Kinder und das Taxi, als der Bus nicht kam, herunter.

»Schön«, sagte er und schaufelte seinen Salat in sich hinein.

»Ich gehe wirklich nicht sorglos mit dem Geld um«, fuhr ich fort. »Es ist nur, da sind ein paar unerwartete Dinge passiert und . . .«

Bob legte seine Gabel weg. »Versuchst du dich wegen dreißig Dollar zu rechtfertigen?« fragte er fassungslos.

»Ja, natürlich«, sagte ich.

»Du machst Witze. Warum tust du das?«

Ja, warum? Fünfzehn Jahre Unabhängigkeit waren mir mit dem letzten Gehaltsscheck zwischen den Fingern zerronnen. Ich war wieder zu dem braven kleinen Mädchen geworden, das seinem Pappi erklären muß, daß er ihm vertrauen kann, sein Taschengeld vernünftig anzulegen.

Diese dreißig Dollar haben sich als Segen erwiesen. Hätte ich nicht mein »Haushaltsgeld« überzogen, hätte ich die negativen Gefühle, mit denen zu leben ich angefangen hatte, nicht verstanden. Jedesmal, wenn Bob mir mein »Haushaltsgeld« gab, hätte ich es als Ziegel für die Mauer benutzt. Wir hatten als Partner angefangen, in einer gesunden Ehe, doch das hätte sich rapide geändert, wenn ich mich nicht mehr als gleichberechtigter Partner gefühlt hätte.

Natürlich war ich und bin ich sein Partner. Ich tue meine Arbeit, Bob die seine, und zusammen schaffen wir uns ein Leben, das einen Sinn für uns hat.

Einer der Gründe, warum es uns relativ leichtgefallen ist, ein Gleichgewicht in Geldproblemen zu halten, liegt darin, daß materielle Dinge uns eigentlich nicht allzuviel bedeuten. Sicherlich macht es Spaß, sein Haus zu renovieren oder sich einen neuen Wagen zu kaufen, nur weil man es *möchte*, und nicht weil die Couch fast zusammenbricht und der Wagen nur mehr nach Hause hinkt. Reich oder arm, es ist schön, Geld zu haben. Wir haben unsere Bedürfnisse jedoch immer in Schranken gehalten.

Wir beide kennen Menschen, deren Ehe am Geld gescheitert ist, in denen die Frau den Mann so sehr angetrieben hat, daß sie ihn in einen Herzanfall manövriert hat – oder in das Bett einer anderen Frau.

Jack und Nathalie lebten in einer bescheidenen Wohnung in der Stadtmitte. Nathalie blieb zu Hause, Jack sprach nie über Geld mit ihr. Er gab ihr Haushaltsgeld. Wenn sie mehr brauchte und ihre Gründe ihm vernünftig erschienen, gab er ihr auch mehr.

Dann bekamen Jack und Nathalie ein Kind – eine Tochter, die Jack vergötterte. Nichts war zu gut für Sandra. Nathalie war der Meinung, sie sollten sich eine größere Wohnung suchen, und Jack beschloß, ein Haus zu kaufen – in einer »guten« Gegend, damit Sandra die richtigen Kinder kennenlernt und sich nicht schämen muß, ihre Freunde mit nach Hause zu bringen (was bei Jack der Fall gewesen war).

Zu Nathalies Verwunderung kaufte Jack ein großes Haus mit zehn Zimmern. Als sie ihn fragte, ob sie sich das auch leisten könnten, versicherte er ihr, das sei kein Problem.

Da ist ihr ein Licht aufgegangen. Jack war offensichtlich steinreich! Wo soviel Geld ist, muß noch mehr sein. Sie konnte endlich einige der Luxusartikel kaufen, die sie sich immer gewünscht, um die zu bitten sie jedoch nie gewagt hatte.

Nathalie fand bald heraus, daß sie fast alles bekommen konnte, wenn sie sagte, es sei für Sandra. Jack sagte nie nein. Nie sagte er: »Das können wir uns nicht leisten«, er war ein Goldesel.

Je mehr Geld der Goldesel spuckte, um so zorniger wurden beide. Ihre Ehe veränderte sich. Jack hatte das Gefühl, von Nathalie nicht mehr geliebt zu werden und daß sie nur mehr daran interessiert war, was er ihr bieten konnte. Und langsam fing es an, Wahrheit zu werden. Nathalie hatte das Gefühl, Jack zeige seine Liebe nur mehr, indem er ihr Geld gab (die Rivalität, die sie ihrer Tochter gegenüber empfand, war tief), sie brauchte ständig einen Beweis, daß er sie noch liebte (was er nicht mehr tat).

Als Sandra zweiundzwanzig war, heiratete sie den »richtigen« Mann (die Ehe dauerte sechs unglückliche Monate lang). Sie feierten die verschwenderischste Hochzeit, die man für Geld kaufen konnte. Eine Woche später erschoß sich Jack in dem Schlafzimmer, das er mit Nathalie geteilt hat.

Nach und nach erfuhren wir, daß Jack keineswegs ein Goldesel war. Seinen finanziellen Möglichkeiten waren Grenzen gesetzt, aber das konnte er seiner Frau und Tochter nicht gestehen. Er hatte sich an das Gefühl der Macht gewöhnt und genoß es, ihnen jeden Wunsch erfüllen zu können – erkaufte sich ihre Liebe und Zuneigung.

Jack handelte mit Immobilien, verwaltete Treuhandvermögen und hatte angefangen, Geld auf die Honorare aufzunehmen, die auf ihn zukamen, mit dem Gottvertrauen, sie jederzeit von irgendeinem anderen Objekt zurückzahlen zu können. Aber das gelang wohl nicht so reibungslos, und er bekam den Bücherrevisor auf den Hals.

Geld und alles, was das liebe Geld symbolisiert, hat die Ehe von Jack und Nathalie zerstört. Und zum Schluß hat es auch Jack zerstört.

Ich habe gerade neulich über Jack und Nathalie nachgedacht. Es war mitten in der Nacht, ich hatte von einem Konflikt geträumt, den zu lösen Bob und ich nicht in der Lage waren, und war schweißgebadet aufgewacht.

Wie jeder Mensch könnten auch wir jederzeit gut etwas mehr Geld gebrauchen. Wir finden immer Mittel und Wege, alles, was wir verdienen, auszugeben. Jahrelang haben wir über großartige Ideen gesprochen, die uns zu Millionären machen werden, über phantastische Möglichkeiten, die uns ermöglichen werden, uns ein Jahr später ins Privatleben zurückzuziehen.

Ein Jahr lang trafen wir uns einmal in der Woche mit vier Freunden und besprachen kreative Ökonomie. Endlich hatten wir die großartige Idee, und zwar ein Photoetikett für Weihnachtspakete. (Welt, begrüße unsere Idee, wir wünschen dir viel Glück damit!) Wie alle genialen Ideen war sie simpel. Schicken Sie uns ihr Foto, wir reproduzieren es auf eine Seite des Etiketts, und auf die andere drucken wir »Fröhliche Weihnachten«. Und jetzt kommt das Beste: Sie müssen die Karte nicht unterschreiben, Ihr Foto ist die Unterschrift.

Wir recherchierten den Markt und fanden zwei Zeitschriften, Typ »Haus und Garten«, die uns zehntausend Aufträge einbringen müßten. Wir kalkulierten bescheiden, mit nur einem Prozent an Antworten. Aber was passiert, wenn 1,5 Prozent antworten? Panik brach aus. Wie würden wir die Aufträge durchführen? Wir kalkulierten und kalkulierten – liehen uns lange Tische zur Montage der verschiedenen Arbeitsphasen aus, bauten sie in unserem Wohnzimmer auf, holten uns Studenten, die halbtags für uns rechneten, usw. ...

Die Zeitschriften kamen an den Kiosken heraus. Wir erhielten vier Antworten auf unsere Annonce, drei von anderen Publikationen, die uns vorschlugen, bei ihnen zu annoncieren.

Und so schlitterten wir großartigen Träumer von einer großartigen Idee in die nächste. Und eines Tages bot die Firma, bei der Bob arbeitete, ihm eine Tochtergesellschaft an, die beängstigend abgewirtschaftet hatte, seit ihr letzter Präsident gegangen war. Es war die phantastische Gelegenheit, auf die wir gewartet hatten, darüber gab es keinen Zweifel. Bob sollte Präsident dieser Tochtergesellschaft und an ihr beteiligt werden. Wenn sie Geld machte, machte auch er Geld. Anfangs würde es zwar mühsam werden, denn abgesehen von der Anstrengung, die es kostet, eine schlafende Firma wieder zum Leben zu erwecken, mußte er seine normale Arbeit nebenher weitermachen. Doch jedes neue Geschäft verlangt eine gigantische Investition an Zeit (wenn nicht an Geld), und wenn das bedeutet, daß Bob ein Jahr lang abends und am Wochenende arbeiten muß, dann würde sich das in den darauffolgenden Jahren lohnen, und wir würden etwas haben, das uns gehört – etwas, das Bob kontrolliert, aus dem er den Nutzen ziehen kann, wie er es als angestellter Gehaltsempfänger nie tun könnte.

Der Köder war, daß all dies ohne Risiko von unserer Seite aus über die Bühne gehen sollte. Wir mußten kein Geld investieren. Wenn das Geschäft ein Erfolg wurde, wäre es zu unseren

Gunsten. Wenn nichts daraus wurde, hatte Bob immer noch seine Stellung und sein Gehalt. Es war ganz offensichtlich das Angebot, das man nicht ablehnen konnte. Und doch haben wir es abgelehnt.

Als Bob das erstemal mit der Idee nach Hause kam, war ich begeistert. Schluß mit den Phantasien! Das war genau die Idee, von der wir geträumt hatten. Anfangs würde es hart werden, aber ich hegte nicht die geringsten Zweifel, daß Bob es nicht schaffen würde. (Hätte er auch!) Wir würden finanziell unabhängig werden, Bob hätte ein gesundes persönliches Einkommen und jede Menge Prestige. (Es ist schön, Präsident von irgend etwas Erfolgreichem zu sein.)

Ich drängte Bob, das Angebot anzunehmen. Dies taten auch Freunde, deren Meinungen wir respektieren. Ich hatte das Gefühl, wenn Bob sich davon abwandte, dann nur, weil er die Verantwortung, ein eigenes Unternehmen zu leiten, fürchtete und vorzog, Angestellter zu bleiben. Das kann ich akzeptieren, habe ich ihm versichert, aber wenn dem so ist, dann sollten wir auch aufhören, uns etwas vorzumachen und nach neuen Geschäftsmöglichkeiten Ausschau zu halten. Dann sollten wir die Realität akzeptieren, so wie sie ist, und damit leben. Aber das war eigentlich nicht die Antwort, die ich hören wollte.

Zum erstenmal in unserer Ehe fing ich an, Bob zu pushen. »Es wird dir ewig leid tun, wenn du das Angebot ablehnst. Das ist genau das, worauf wir immer gewartet haben. Du hast immer gesagt: ›Es muß doch eine bessere Möglichkeit geben.‹ Da ist sie!«

Und Bob zögerte immer länger. Es ist leicht, zu sagen, gib dir ein Jahr Zeit, dann bist du ein gemachter Mann. Aber ein Jahr besteht aus Hunderten von Tagen ohne Abendessen mit deiner Familie, Samstagen und Sonntagen, an denen man früh am Morgen aus dem Haus muß und erst spät am Abend wieder zurückkommt. Es mag vielleicht nur ein Jahr sein, aber es ist ein Jahr aus *unserem* Leben und dem Leben, das man mit seiner Familie teilt.

»Das zweite Problem war die Art der Tochtergesellschaft.

Meine Arbeit ist im Grunde eine kreative – neue Ideen und neue Programme für Gesellschaften und mit ihnen Probleme ausarbeiten, sie beraten, welche Techniken anzuwenden sind, um eine erfolgreichere Strategie zu ermöglichen. Die Tochtergesellschaft lebt vom Verkauf.«

»Als ihr Präsident wäre es mein Job, ein Produkt zu verkaufen. Aber ich bin kein Verkäufer. Der Verkauf hat mich noch nie in meinem Leben interessiert.«

»Es gibt Menschen, die es lieben zu verkaufen. Mein Onkel Max hat aus dem Verkauf eine Kunst gemacht und jede Minute der Planung genossen. Ein abgeschlossener Verkauf war für ihn ein außerordentlich erregendes Erlebnis. Aber ich bin nicht Onkel Max. Ich *könnte* natürlich ein Produkt verkaufen, wenn ich daran glaube. Es zu verkaufen wäre jedoch kein Vergnügen für mich, keine aufregende Art zu leben. Und je mehr ich darüber nachdenke, desto klarer wird mir bewußt, daß ich das gar nicht besonders gerne tun würde.«

Und so wuchs der Konflikt ins unermeßliche. Bob war hin- und hergerissen zwischen seinen Gefühlen, zwischen dem Bedürfnis, ehrlich zu sich selbst zu sein, und der »Realität«, so sahen wir es zumindest. Auch ich litt unter dieser Spannung. Ich war ungeduldig mit ihm, irritiert, weil er sich nicht entscheiden konnte, und ärgerte mich, daß er diese einzigartige Chance nicht mit beiden Händen ergriff.

So stand es zwischen uns, als ich mitten in der Nacht aufwachte und an Jack und Nathalie gedacht habe. Plötzlich erschien mir die ganze Idee idiotisch. Wir hatten doch ein wunderschönes Leben zusammen. Waren unsere finanziellen Bedürfnisse so groß, daß wir bereit sein mußten, ein Jahr unseres gemeinsamen Lebens zu opfern? Und wenn unsere »Bedürfnisse« wirklich so groß waren, dann war es höchste Zeit, die Bedürfnisse zu ändern, nicht unser Leben.

Warum sollte Bob eine Karriere aufgeben, an der er zwanzig Jahre gearbeitet hat, eine Arbeit, die er liebt (und Arbeit ist es), um in eine Branche überzuwechseln, von der er wenig verstand, die er nicht einmal mochte? Für Geld?

Wann immer ich in der Nacht aufwache, wacht Bob auch auf. Ich glaube nicht, es kommt daher, daß ich mich herumwerfe, es ist Telepathie. Ich glaube nicht an Astrologie, nicht an Zigeuner und Wahrsager, aber ich glaube an die Telepathie, und ich glaube, daß die Liebe eine der Kräfte ist, die sie aktiviert.

(Als ich an der letzten Fassung dieses Buches gearbeitet habe, in der Nacht, ehe ich genau diese Seite abtippen sollte, war Bob für zwei Tage auf Geschäftsreise in Minneapolis. Ich bin früh zu Bett gegangen und hatte einen schrecklichen Traum. Im Traum rief ich Bob um Hilfe, und er kam mir zu Hilfe, in Pelzmütze und Mantel, direkt aus der Kälte. Das Telefon schreckte mich aus diesem Traum. Bob rief mich aus Minneapolis an, um mir eine gute Nacht zu wünschen. Zufall? Wahrscheinlich, und doch, es gibt Momente ...)

Wie auch immer, in jener Nacht, inmitten unseres großen Konfliktes wegen der großen Chance, wachte ich auf, lag ganz ruhig da und dachte an Jack und Nathalie. Bob wachte auch auf, und wir fingen an, miteinander zu reden. Damals, im Dunkel der Nacht, mit dem Gespenst von Jack vor Augen, sprachen wir über die *wirkliche* Realität. Und der Unsinn fiel uns wie Schuppen von den Augen. Bob gab am nächsten Tag seine Entscheidung kund, und wir haben es nicht bedauert.

Wir haben herausgefunden, daß großzügige Richtlinien für alle grundsätzlichen Gebiete des Zusammenlebens ein Minimum an Konflikten zur Folge haben. Wir wissen, daß einige unserer Regeln, was das Geld anbetrifft, manchen Leuten, die uns nahe genug stehen, um zu wissen, was wir mit unserem Geld anfangen, absurd erscheinen, aber es sind *unsere* Regeln, und für *uns* funktionieren sie:

1. Das ganze Geld ist *unser* Geld. Es interessiert uns nicht, wer was mit dem Geld anfängt. Es liegt in einer Keksdose, und wer welches braucht, greift einfach hinein (solange die Dose nicht leer ist, natürlich).

2. Wir setzen zwei Budgets für das Jahr fest. Das erste basiert auf fixen Ausgaben und garantiertem Einkommen. Das zweite

basiert auf »Wir sollten« und »Ich wünschte, wir könnten« und auf dem erwarteten Einkommen. Sobald wir wissen, wieviel wir ausgeben können, müssen wir auch wegen der Dinge, die wir uns nicht leisten können, nicht mehr streiten.

3. Wir beschließen, wer was kaufen darf, wer welche Rechnungen zahlen muß, usw.... Solange wir uns in etwa innerhalb des Budgets halten, müssen wir nicht in den sauren Apfel beißen und um Erlaubnis fragen, ob wir ein bißchen mehr als geplant ausgeben dürfen.

4. Wir versuchen, was Geld anbelangt, uns gegenüber ehrlich zu sein. (Wie oft werden in einer Ehe Vorwände und Kunstgriffe angewandt, wenn es sich um Geld handelt? Mit dem stillen Vorwurf, sie/er wird es nie herausfinden, was letztlich aber nur Schuldgefühle und Zorn erzeugt.)

5. Wir geben unser Geld für Reisen und nicht für Möbel aus, für Theater und Abendessen und nicht für Aktien. Eine absurde Wahl? Nicht für uns. Obwohl wir wahrscheinlich »nichts dafür vorzuzeigen« haben, ziehen wir langanhaltenden Nutzen aus der Qualität unseres Lebens und dem, was es für unsere Ehe getan hat.

6. Wir geben unser Geld immer *aus*, wir finden, dafür ist es da. Wir versuchen, unser Leben so zu leben, daß wir nie zurückschauen müssen, wenn es »zu spät« dazu ist, und uns sagen müssen: »Warum haben wir das und das nicht getan, als wir die Möglichkeit dazu hatten?«

Das bedeutet nicht, daß wir nicht noch immer Ausschau halten nach der großen Idee, die uns beides bringen wird, Reisen und Möbel. Wie letzthin, als Bob wieder einmal eine großartige Idee hatte ...

4. Sex

Bob und ich befanden uns auf einer Reise durch die Sowjetunion und hatten uns gerade im modernsten Hotel in Kiew ins Gästebuch eingetragen.

Unser Zimmer war hell, strahlend sauber und hübsch möbliert. Man hatte uns geraten, in unserem Zimmer auf unser Gepäck zu warten, uns anschließend zusammen mit unserer Reisegesellschaft zum Mittagessen zu begeben und am Nachmittag eine Stadtbesichtigung zu machen. Nachdem dies bereits unser viertes Hotel in der Sowjetunion war, wußten wir genau, daß das Gepäck pünktlich ankommen würde, nämlich unmittelbar nach dem Abendessen.

Wir hatten in Moskau um fünf Uhr in der Früh das Flugzeug bestiegen und waren müde. Wir hatten Ferien und noch eine Stunde Zeit bis zum Mittagessen. Also haben wir unsere Türe abgesperrt, uns ausgezogen und sind ins Bett gehüpft.

»Hörst du das?« fragte ich Bob, als er gerade ein besonders schwieriges Manöver startete.

Ehe er noch antworten konnte, flog die Türe auf, und zwei Hafenarbeitertypen marschierten mit unserem Gepäck herein, stellten es am Fußende des Bettes auf den Boden, tippten sich höflich an die Mütze, murmelten etwas, was so ähnlich wie »Nitchky potchky« klang, und marschierten wieder hinaus. (Übersetzt heißt das »Das Trinkgeld holen wir uns später ab«, hat unser Freund Irv gesagt.)

So ein Erlebnis kann sich sehr vorteilhaft auf eine Ehe auswirken, weil es dazu tendiert, Hemmungen abzubauen – vorausgesetzt, Sie lachen sich durch die ursprüngliche Verlegenheit hindurch. Dies hat uns geholfen, die Scheu voreinander zu überwinden, es hat uns auch geholfen, dieses Kapitel zu schreiben. Nicht, daß wir frei und hemmungslos sind! Keine Spur!

In seiner Kolumne in der New York Times hat der fabelhafte Journalist John Leonard einmal über das zufällige Zusammentreffen von Dimitri mit einer Selbsterfahrungsgruppe geschrieben. Leonard beschreibt, wie diese Leute darauf bestanden haben, daß Dimitri sie anfaßt und sich anfassen läßt – um seine Hemmungen zu lösen. »Wozu in Gottes Namen?« fragte Leonard. »Er hat den größten Teil seines Lebens damit verbracht, sie sich anzuerziehen.«

So ungefähr empfinden wir, was dieses Kapitel anbelangt. Dies ist kein Sexbuch. Dies ist kein Anleitungskapitel. Es gibt Hunderte von Büchern von Leuten, die weit besser qualifiziert sind als wir. Wir werden, so ehrlich wir können, über die Rolle berichten, die der Sex in unserem Leben spielt, aber wir wollen die Hemmungen, die wir uns anerzogen haben, behalten.

Wie Sie bereits bemerkt haben dürften, sind wir ziemlich normal. Wir besitzen ein Ferienhaus auf Fire Island – diesem wilden, langen Sandstrand, an dem, wenn man der Presse Glauben schenken darf, niemand in seinem eigenen Bett schläft oder irgendein Vorurteil hegt, was Sex, Rasse oder Vergnügen anbetrifft. Ja, wir sind in Cherry Grove auch einmal in eine Versammlung mit Peitschen und Ketten gestolpert, mit schwarzen Stiefeln, schwarzen Gürteln und ansonsten wenig. Wir hatten damals Gäste aus Neuseeland, und sie fanden es phantastisch von uns, ihnen eine solch einzigartige Show zu bieten. Obwohl wir uns sehr kühl gegeben haben, wußten wir nicht, wohin wir schauen sollten.

Wir sind tatsächlich so stinknormal, daß wir einmal, als die Zeitschrift »New York« einen ziemlich wirren Artikel über Fire Island brachte, mit besonderer Referenz auf das lasterhafte Ocean Bay Park (unser Städtchen), die darauffolgende Samstagnacht damit verbracht haben, die Straßen auf und ab zu spazieren und völlig sinnlos nach Orgien Ausschau zu halten (»Da, hörst du die Geräusche aus diesem Haus?« – »Ach, da wird auch nur Poker gespielt.«)

So seltsam es auch nach diesem Dementi klingen mag, wir praktizieren Sex. Guten Sex, schlechten Sex, fairen Sex, besorgten Sex, wütenden Sex, zärtlichen Sex, aufregenden Sex und gar keinen Sex. All das ist Teil unseres Lebens und das, was wir den Schlüssel zu unserem Himmelreich nennen – weil es auch ein Teil unseres gemeinsamen Lebens ist. »Nichts ist so wichtig«, sagt Bob immer, »es gibt immer ein Morgen.«

Als wir erst kurz verheiratet waren, hatte ich noch nicht begriffen, daß der Sex nur eine Teilansicht aus einem großen Gemälde ist. Ich hatte das Gefühl, jeder einzelne sexuelle Akt sei von ungeheurer Wichtigkeit für unser Leben. Wenn Bob also mit mir ins Bett gehen wollte (was er dauernd wollte), ich jedoch nicht, hatte ich das Gefühl, ich muß es tun. (Sonst fühlt er sich zurückgestoßen!) Also habe ich angefangen, mit ihm ins Bett zu gehen, ohne es wirklich zu wollen, nur: es ging dann nicht weiter. Oder Bob hatte einen Orgasmus und ich nicht. Und dann habe ich geheult. Nicht weil ich frustriert war, weil ich keinen Orgasmus gehabt habe, sondern weil Bob sich mies fühlte, und was war ich überhaupt für eine Frau, wie konnte er mich überhaupt lieben?

Bob ist immer zärtlich und liebevoll gewesen, nicht nur, was Sex anbetraf, sondern immer. Er ist wirklich ein zärtlicher, liebevoller Mann.

»Du bist meine Frau und ich liebe dich«, flüsterte Bob mir ins Ohr. »Wir können es jederzeit noch einmal versuchen.«

Vor kurzem habe ich auch wieder einmal geweint, weil ich herausgefunden habe, daß Bob immer noch zärtlich, liebevoll und verständnisvoll ist. Wir waren im Bett und beide scharf aufeinander. Es war wundervoll, bis Bob anfing, mir zu sagen, wie sehr er mich liebt. Es war, als hätte jemand das Licht angeknipst. Ich spürte förmlich, wie jede Begierde aus mir wich, ich wollte nur noch weg von diesem verrückten, leidenschaftlichen, bösen Feind, der auf meiner Seite des Bettes eingedrungen war.

»Laß mich in Ruhe.« Ich fing an zu weinen. Er hielt mich im Arm und streichelte mir über das Haar. Ich hätte aus der Haut fahren mögen, weil er so liebevoll war. »Sprich mit mir«, sagte er ruhig.

Da plapperte ich drauf los. Lauter Unsinn. Aber allmählich bekam der Unsinn Profil. Meine Gefühle hatten nichts mit Bob zu tun. Sondern mit der Arbeit. Die nicht weiterging. An diesem verdammten Buch. Und plötzlich hatte alles einen Sinn.

»Natürlich!« sagte ich. »Ich habe mich schuldig gefühlt, weil ich meine Arbeit vor mir hergeschoben habe (mit gutem Grund, versteht sich – die Kinder, das Auto, die Frühlingspflanzerei), bis ich schließlich das Gefühl hatte, ich verdiene keine Liebe. Das einzige, was ich wollte, war, aufs Kreuz gelegt zu werden und alles zu vergessen. Und dann hast du angefangen, mir zu sagen, wie sehr du mich liebst, und es war aus – denn wenn du mich liebst, mußt du ein Riesentrottel sein. Und wer will schon von einem Riesentrottel aufs Kreuz gelegt werden?«

Es war wahnsinnig komisch, wir haben beide gelacht. Und wir mußten es auch nicht sofort wieder versuchen.

Bevor wir geheiratet haben, war Bob oft Zeuge einer lebensnahen Szene à la *Wer hat Angst vor Virginia Woolf?* Terry und Ted haben alles besessen, sie waren junge, schöne Menschen und so reich, daß es das Vorstellungsvermögen aller überstieg, die sie kannten. Ein Penthouse an der East Side, eine Farm in Old Westbury, komplett mit Stall und allem, was dazugehört. Und soviel Haß in sich, daß alles, was sie anfaßten, vergilbte.

Ted hat es versucht, aber es war ihm nicht gegeben, Terry sexuell zu befriedigen. Er hatte das Gefühl, kein Mann zu sein. Und Terry gab ihm Recht.

Sie gaben verschwenderische, elegante Partys. Und mitten drin brach Terry einen Streit mit ihm vom Zaun.

»Du hast ja keine Eier!« schrie sie ihn an. »Deshalb steht er auch nicht.«

Bei einer anderen Party beschrieb sie einer schockierten Gruppe von Stinknormalen, wie Bob und mir, detailliert einen zufälligen Nachmittag mit einem Taxichauffeur, den sie sich ins Schlafzimmer geholt hatte. »Ted ist so schlecht im Bett«, erklärte sie und warf ihm einen eisigen Blick zu, »daß ich mich eben anderswo umsehen muß.«

Terry verachtete Ted schließlich und benutzte die Sexualität als Waffe, um ihn zu zerstören. Obwohl eine derartige Tiefe der Feindschaft und Verzweiflung innerhalb einer Ehe ungewöhnlich ist, verwenden auch ganz »normale« Menschen die Sexualität als Waffe.

Zum Beispiel:

Danny hat immer mit einem Lächeln behauptet: »Ich kann es kaum erwarten, bis Liz mit den Kindern auf Sommerferien geht. Was werde ich mir für eine tolle Zeit machen! Ich werde es mit jeder Puppe auf der Lexington Avenue treiben.«

Wir wußten ganz genau, daß er das nicht tat. Er wußte ganz genau, daß er das nicht tun würde. Aber es war seine Art, seine Wut auf seine Frau in Worte zu fassen – in diesem Fall, daß sie ihn zwei Monate lang alleine ließ –, er wußte ganz genau, wo er sie am empfindlichsten treffen konnte. »Er macht nur Spaß«, sagte Liz tapfer und lächelte, aber niemals mit den Augen.

Und dann, eines Tages, mit Bob und mir als erstaunten Zeugen, ist die kleine Liz doch tatsächlich aufgestanden und hat mit dem Fuß aufgestampft. »Jetzt reicht es«, sagte sie zu Danny, der gerade anfing, eine seiner eingebildeten Bettgeschichten auf einer Verkaufsmesse zu beschreiben. »Ich habe es satt. Ich verbiete dir, je wieder so vor mir zu reden.«

Danny brach mitten im Wort ab. Er hat die Geschichte nie zu Ende erzählt und nie wieder eine andere angefangen. In dem Augenblick hat er sich Hals über Kopf in seine Frau verliebt. Jetzt ist er ein großer Langeweiler, was das Thema: »Die Frau, die er so leidenschaftlich begehrt«, anbetrifft.

»Ist sie nicht wunderschön?« fragt er oft. »Weißt du, im Bett ist sie die Größte! . . .« (Natürlich ist er ein bißchen neurotisch, aber so viel liebenswerter jetzt.)

Marian ist ein verzogener Fratz. Daddy hat ihr jeden Wunsch von den Augen abgelesen. Simon ist nicht so großzügig. Er verdient auch weniger, als Daddy das getan hat, aber Marian ist nicht gewillt einzusehen, warum das ihr Problem sein sollte. Ich habe sie vor ein paar Jahren, bei einem Damenmittagessen, zu dem ich von vornherein nicht gehen wollte, kennengelernt. Sie hatte Simon gerade eine Halskette abgeluchst.

»Ich mußte diese Kette einfach haben«, sagte sie und zeigte auf eine Kette mit goldenen Kugeln, die sie trug. »Ich habe sie bei Tiffany gesehen und Simon gesagt, daß ich sie mir zum Geburtstag wünsche, aber er hat immer nur abgelehnt, er sähe keinen Weg, soviel Geld auszugeben. Ich mußte ihn einfach überreden, finden Sie nicht?« flüsterte sie mir ins Ohr, als wäre ich ihre Mitverschwörerin.

»Und so einfach war es. So einfach ist es eigentlich immer mit ihm – er ist so ein geiler Bock. Und ich war jeden Abend sooo müde. Ich habe kein Wort mehr über die Kette gesagt und ihn zwei Wochen lang hingehalten, und eines Abends hat er mich gepackt, auf das Bett geschmissen und gesagt: ›All right, du kannst deine gottverdammten Kugeln haben.‹Und dann hat er mich praktisch vergewaltigt.« Sie lächelte bei der Erinnerung. »Es war wirklich sehr aufregend. Viel besser als sonst.«

Ob es nun bewußt oder unbewußt geschieht, Sex ist eine mächtige Waffe. Oft *scheint* er der Bösewicht zu sein, und doch sind andere, viel zerstörerischere Kräfte am Werk.

Als meine erste Ehe in die Brüche ging, gab ich sexueller Unvereinbarkeit die Schuld, und obwohl die Sexualität sicherlich ein Faktor war, steckten die Wurzeln des Problems viel tiefer als die Frage, was sich (oder, um präziser zu sein, was sich nicht) im Bett getan hat.

Wir heirateten, als ich dreiundzwanzig und praktisch noch Jungfrau war – das heißt, wie alle anderen Mädchen, die ich kannte, hatte auch ich »Petting bis an die Grenze« getrieben, war aber nie »bis zum bitteren Ende« gegangen. Wir haben Stunden damit verbracht, einen versteckten Parkplatz zu finden. Als wir verheiratet waren, dachte ich, jetzt gibt es besseren Sex. Es war eine Katastrophe.

Mein Mann und ich, wir haben beide erwartet, irgendein Wunder würde beim Austausch der Ringe geschehen – das Wunder mit dem Namen Vaginalorgasmus. Keine Kindereien mehr. Jetzt sollten Nägel mit Köpfen gemacht werden.

Es war eher gar nichts. Ich empfand nichts außer Schmerzen. Ich weiß nicht, was er empfunden hat außer Frustration, weil er nicht in der Lage war, seine liebestolle Braut zu befriedigen – und wütend war auf sie, weil sie schuld an diesem Gefühl hatte. Es dauerte nicht lange, da hörten wir auf, es auch nur zu versuchen.

Nach ungefähr einem Monat schieren Unglücks ging ich zu seinem Hausarzt (ich schämte mich zu sehr, um zu meinem eigenen zu gehen). Er untersuchte mich und versicherte mir, daß alles in Ordnung sei – alles schien am richtigen Platz zu sein. Als ich ihm mein Problem auseinandersetzte, sagte dieser gütige Mann: »Ich würde Ihnen raten, sich ein schwarzes Nachthemd zu kaufen, das macht Sie für Ihren Mann attraktiv. Und ich kann Ihnen nur eines sagen, der Orgasmus wird bei weitem überbewertet.«

Er mag recht gehabt haben, aber wenn man sich in so einem desolaten Zustand befindet wie ich damals, ist nichts an einem Orgasmus überbewertet oder unwichtig. Ignoranz kann in der besten Ehe – was unsere Ehe kaum war – Probleme heraufbeschwören, und mit dreiundzwanzig wußte ich wirklich nicht, wohin ich mich um Rat und Wissen wenden sollte. Was man damals vor der Ehe gelesen hat, war ein »Klassiker«, der den Mythos vom Vaginalorgasmus verherrlicht und meiner Meinung nach eine frustrierte Generation hervorgebracht hat, die nach einem unmöglichen Ziel strebt.

Heute gibt es Ehesanatorien, Workshops und realistische Methoden, um sexuelle Probleme aus der Welt zu schaffen. Und natürlich gibt es die noch realistischeren Bücher.

Bob und ich haben vor ein paar Jahren zusammen ein Buch über Sex gelesen. Unser Sexleben schien an einem Tiefpunkt angelangt zu sein. Wir gingen eher aus Routine miteinander ins Bett, ohne großen Enthusiasmus und auch nicht häufig. Wir müssen etwas dagegen tun, beschlossen wir. Also haben wir uns ein Buch gekauft.

Erst haben wir das Buch jeder für sich allein gelesen und waren von der ganzen Angelegenheit ziemlich unangenehm berührt. Dann beschlossen wir, wenn uns dieses blödsinnige Buch schon in Verlegenheit versetzt, dann sollten wir wenigstens versuchen, ein paar positive Resultate zu erzielen, und die einzige Möglichkeit, daß so etwas passieren könnte, war, wenn wir es gemeinsam lasen.

Also lagen wir an einem wunderschönen Ferientag auf Fire Island zusammen im Bett und vertieften uns ernsthaft in dieses Buch. Wir stießen auf etwas, was von Masters und Johnson als todsichere Position beschrieben war, stimmten überein, daß es interessant klang und erklärten mit betonter Nachlässigkeit: »Na, dann wollen wir mal!«

Wir probierten und probierten, aber es funktionierte nicht. Schließlich und in völliger Verzweiflung nahmen wir hysterisch lachend das Buch wieder zur Hand und gingen Schritt für Schritt nach der Anleitung vor. Erstaunlicherweise funktionierte es dann.

Ein detailliertes Handbuch über Sex hätte meine erste Ehe auch gerettet, aber es hätte ihre Auflösung auch weit unglücklicher machen können.

Nach dem Ende dieser Ehe habe ich mich überall erkundigt, wie Frauen zum Orgasmus kommen. Ich, die viel zu introvertiert war, um meiner Mutter oder meiner Schwester mehr als nur in skelettartigen Umrissen meine sexuellen Probleme zu erklären, raffte mich dazu auf, eine Freundin zu fragen, ob sie bei jedem Koitus zum Orgasmus käme. Sie verneinte. »Was machst du denn dann?« fragte ich.

»Dann mache ich es mir eben selbst«, erwiderte sie kühl.

Ich wäre beinahe in Ohnmacht gefallen. Onanie war doch tabu – zumindest für Mädchen, ich konnte das Wort kaum aussprechen. Jungs gaben natürlich mit ihrer Sexualität an, sie masturbierten sogar zusammen, hatte ich gehört. Aber von Mädchen wurde erwartet, daß sie mit Handschuhen ins Bett gingen. Das habe ich zwar nicht getan, aber, oh, die Schuldkomplexe, die ich ausgestanden habe! Ich wußte, es gibt keinen Gott, ich wußte aber auch, daß er mich schon noch erwischen würde, weil ich sooft onaniert habe.

Obwohl ich mir bewußt war, daß es der Mangel an Sex war, der meine Ehe zerstört hat, habe ich später erst begriffen, daß sexuelle Unvereinbarkeit nur ein Symptom für eine Ehe ist, die nie hätte geschlossen werden dürfen. Sie wird so oft zum Prügelknaben für Versagen gemacht, wenn Menschen nicht wollen oder nicht dazu in der Lage sind, nach den wahren Gründen zu forschen.

Kaye und Frank haben ein Jahr nicht mehr miteinander geschlafen. »Es müssen die Wechseljahre sein«, sagte Frank. »Du weißt schon, wenn die Frau in ein bestimmtes Alter kommt, hat sie es eben nicht mehr so gerne wie früher.«

Die Wechseljahre hatten mit Kayes Mangel an Lust nichts zu tun. Es war wieder einmal das liebe Geld. Für alle, die sie in den letzten Jahren beobachtet haben, ist es klar, daß Kaye Frank für einen Versager hält. Und dabei hatte alles so vielversprechend angefangen, doch irgendwie hat Frank es nie wirklich geschafft. Die meisten ihrer Freunde können sich in der Zwischenzeit luxuriöse Annehmlichkeiten erlauben, die für Kaye und Frank immer noch unerreichbar sind.

»Es macht mich verrückt«, vertraute Kaye mir eines schönen Tages an. »Nicht, daß ich neidisch wäre, aber ich habe es satt, um alles kämpfen zu müssen und mir nie auch nur irgend etwas leisten zu können. Frank ist ein netter Junge, aber er ist halt kein Mann ...«

Es stimmt nicht, daß Joe sein Interesse an Phyllis ganz verloren hat. Das ist nur vorübergehend. Das passiert bei ihm von Zeit zu Zeit. Erst wenn er wieder anfängt, sich wirklich Gedanken über seine Männlichkeit zu machen, funktioniert es wieder.

Diese Anfälle von »Impotenz« folgen einem höchst seltsamen Schema. Der letzte Anfall spielte sich kurz nach seinem fünfzigsten Geburtstag ab. Joe hatte offensichtlich auf eine große Überraschungsparty mit hundert seiner besten Freunde gehofft. Statt dessen hat Phyllis ihm eine Mähmaschine gekauft. Joe war einen ganzen Monat lang »impotent«.

Da ist auch noch unser Freund Max. Er ist herzlich, großzügig, nett und freundlich. Alle haben ihn gerne – bis auf seine Frau. Sie hält ihn für ein Monster, und das ist er auch. Ihr gegenüber.

Manche Menschen sollten eben nie heiraten. Max gehört zu denen. Max ist dreimal verheiratet gewesen. Jede seiner Ehen hat mit Scheidung geendet, weil jede Frau ihm untreu geworden ist. Aber sie mußte ihm untreu werden. Er hat sie dazu getrieben.

Ehe Max und Betty geheiratet haben, war er der sympathischste und leidenschaftlichste Liebhaber, den man sich vorstellen kann. In dem Moment, als der Friedensrichter die Worte aussprach: »Ich erkläre euch zu . . .«, hat Max abgeschaltet. Betty schien ihm von Tag zu Tag weniger begehrenswert. Es dauerte nicht lange, und es war ihm unmöglich, mit ihr ins Bett zu gehen.

Natürlich fühlte Max sich schuldig, und weil er sich schuldig fühlte, wurde er immer wütender auf Betty, weil sie die Ursache war, daß er sich schuldig fühlte. Und weil er so wütend war, wurde er zum Monster. Abend für Abend kam er Stunden zu spät zum Abendessen. Wenn Betty ihn im Büro anrief, um ihn zu fragen, wann er zum Essen nach Hause zu kommen gedenke, warf er ihr vor, »ununterbrochen an ihm herumzunörgeln«. Um seine Männlichkeit zu beweisen, fing er Verhältnisse mit anderen Frauen an. Manchmal lud er auch seine jeweilige Freundin zu einer Cocktailparty nach Hause ein und machte ihr den ganzen Abend den Hof, während Betty still vor sich hinlitt.

Ungefähr ein Jahr nachdem sie und Max geheiratet hatten, fing sie ein Verhältnis mit ihrem Chef an. Er bewunderte sie, für ihn war sie wunderschön, sexy und begehrenswert. Er gab ihr das Gefühl, eine Frau zu sein. Es dauerte auch nicht lange, da erfuhr Max von der Affäre und war insgeheim entzückt. Wenn Betty sexuell befriedigt war, unterlag sie nicht mehr seiner Verantwortung und war keine Last mehr.

Betty und Max werden sich höchstwahrscheinlich scheiden lassen, und wenn man sie fragen würde warum, würde man sicherlich als Antwort bekommen, Sex sei der Grund. »Das liegt doch auf der Hand, oder nicht?« Genau wie in meiner ersten Ehe sind ihre sexuellen Probleme jedoch lediglich Symptome, nicht die eigentliche Krankheit. Sie werden sich trennen. Max sollte eigentlich nicht mehr heiraten, weil er als Mann in jeder Situation funktioniert, nur nicht in der Ehe.

Diese Art von Ehen sind vergleichsweise selten. Die meisten Ehen könnten gerettet werden, und trotzdem zerbrechen sie, weil Sex falsch ausgelegt, falsch ausgeführt und falsch verstanden wird. Tatsache ist, daß die meisten Menschen des öfteren sexuelle Gefühle haben, aber nicht ununterbrochen und auch nicht immer zur selben Zeit. Wenn eine Ehe überleben soll, müssen beide Partner die Freiheit haben, nein zu sagen, ohne daß der andere sich zurückgestoßen fühlt.

Wenn Bob einen besonders schlimmen Tag in der Bürotretmühle hinter sich hat und ich mache ihm die Türe mit einer Rose zwischen den Zähnen auf, muß ich begreifen, daß, wenn er zu schnarchen anfängt, kaum daß wir in die Buntkarierten gehüpft sind, er mich dennoch liebt. Das heißt nur: »Heute nicht, Josephine«, wie meine Mutter Napoleon zu zitieren pflegte. (Das war übrigens das Verruchteste, was sie je in ihrem Leben über die Lippen gebracht hat.)

Wir haben versucht, die Häufigkeit unserer Umarmungen nicht zum Gradmesser unserer Ehe werden zu lassen. In der ersten Zeit sind wir natürlich viel öfter miteinander ins Bett gegangen als heute, aber das finden wir in Ordnung. Nach fünfzehn Jahren Ehe erwarten wir nicht, noch immer ununterbrochene Bereitschaft zu empfinden. Aber – und das ist ebenfalls nicht überraschend – nach fünfzehn Jahren der Zusammenarbeit, des Zusammenwachsens, ist das Empfinden besser geworden als zu Zeiten, da wir jung verheiratet waren.

Fast alle Menschen sind, wenn sie heiraten, ineinander verliebt, und eines der hervorstechendsten Elemente dieser Liebe ist die Sexualität. Wenn junge Menschen heiraten, lieben sie es, miteinander ins Bett zu gehen. Und was geschieht dann? Was schaltet die Bereitschaft aus? Und was verwandelt Lust in Wut, Haß oder Grausamkeit?

Normalerweise birgt eine junge Ehe ungeheure sexuelle Erregungen, so intensiv bleibt es jedoch nicht. Und das ist einer der gefährlichsten Punkte in der Ehe. Zusammen ins Bett zu gehen, sich zu umarmen, ist einmal aufregend gewesen. Es kann zur Routine werden, oder schlimmer – es kann uninteressant, langweilig und unwillkommen werden.

An diesem Punkt haben zwei Menschen einen Scheideweg erreicht. Sie können ihr abgeschwächtes Begehren sich selbst oder ihrem Partner in die Schuhe schieben, oder aber sie akzeptieren es als Tatsache des Lebens und verstehen, daß die Welt nicht gleich untergeht, wenn man später weniger oft Liebe macht wie am Anfang.

Der Schlüssel zu diesem Verständnis ist die Zärtlichkeit, sich im Arm zu halten, sich zu küssen, sich zu streicheln. Ich finde, abgesehen von einem wirklich guten Orgasmus gibt es nichts so Befriedigendes, wie sich im Bett an einen Menschen zu schmiegen, den man liebt, und in seinen Armen einzuschlafen. Ohne diese Zärtlichkeit kann der Übergang von konstanter Leidenschaft zu weniger häufigen und zuweilen weniger leidenschaftlichen Umarmungen zu einer schwierigen Zeit werden. Celia und Mike haben einander während dieses Übergangs fast verloren.

Die einzelnen Schritte waren vorhersehbar, aber weder erwartet noch akzeptiert worden. Eines Abends, nach ungefähr zwei Monaten Ehe, hatte Celia einfach keine Lust zum Liebesspiel und dies auch gesagt. Zwei Tage später hat sie wieder nein gesagt. Das Schema fing an, Form anzunehmen.

Zuerst machte Mike sich nichts daraus. Dann fing er an, sich Gedanken darüber zu machen. Vielleicht konnte er sie als Liebhaber nicht befriedigen? Das tat weh. Dann wurde er wütend. Warte nur, bis sie dich haben will, sagte der Zorn. Dann werden wir es ihr schon zeigen.

Und das hat er auch getan. Er hielt sich für seine verletzte Männlichkeit schadlos.

Dieses Spiel kann man nur zu zweit spielen, sagte sich Celia und spielte mit.

Nie haben sie über die sexuelle Mauer gesprochen, die zwischen ihnen heranwuchs. Brav stapelten sie einen Ziegelstein auf den anderen.

Die Probleme, die sie im Bett hatten, färbten auch auf andere Lebensbereiche ab, und eines Tages standen diese beiden netten, freundlichen Menschen voreinander und schrien sich an. Zum Glück waren sie in dem Moment vernünftig genug, um zu begreifen, daß sie Hilfe brauchten, und sind zu ihrem Hausarzt gegangen, der sich mit ihnen zusammen durch das Problem hindurchgearbeitet hat.

In unserer Ehe war dieser Übergang sehr schwer für mich, er hätte tödlich werden können. Ich kann mich noch ganz genau an diese Krise erinnern.

Wir waren sechs selige Wochen verheiratet gewesen, angefangen mit unserer Kreuzfahrt, der Hochzeitsreise im April, durch einen Frühling idyllischer Wochenenden und einem Sommer voll langer, leidenschaftlicher, fauler Nachmittage. Und plötzlich war es Herbst. Zeit, dem Ernst des Lebens wieder ins Auge zu sehen. Alle Menschen hatten Urlaub gehabt, plötzlich war er vorbei.

Zurück zum Ernst des Lebens bedeutet für Bob Klienten, die, frisch von ihrem Golf- und Tennissommer, mehr Wunder möglichst in noch kürzerer Zeit verlangten. Zurück zum Ernst des Lebens bedeutete für mich den Beginn einer Charterflugsaison sowie Reisen zu planen, die hoffentlich im nächsten Frühling und Sommer gebucht werden würden. Es war viel Arbeit, hektisch und aufreibend. Den Motor wieder in Gang zu bringen, wenn er fast den ganzen Sommer abgeschaltet war, ist nicht nur ermüdend, sondern auch sehr beschwerlich. Es war schwierig, die Räder wieder zum Drehen zu bewegen; schwierig, wieder anzufangen, über die »reale« Welt nachzudenken.

Also, Bob und ich sind jeden Morgen früh aufgestanden, haben den ganzen Tag über hart gearbeitet und sind jeden Abend gleich nach dem Abendessen tot umgefallen. Zum erstenmal in unserer Ehe mußte Bob auch am Wochenende arbeiten – dreimal hintereinander –, um ein besonders schwieriges Problem rechtzeitig zum Abschluß zu bringen. Ich habe es verstanden. Er hat es verstanden. Wir waren zu müde, um Liebe zu machen. Wir haben diesen Lebensrhythmus als Tatsache hingenommen. Wir haben nicht darüber geredet. Was gab es auch darüber zu reden?

Eine Menge!

Zum Beispiel: Warum habe ich plötzlich überlegt, mir ein schwarzes Nachthemd zu kaufen? (Vielleicht war dieser Arzt doch kein kompletter Esel?)

Warum zählte ich die Tage zwischen jenen seltenen Nachmittagen oder Abenden, da wir der Liebe frönten?

Und warum lag ich nachts stundenlang hellwach im Bett und fühlte mich kreuzunglücklich?

Weil ich wieder einmal zurückgestoßen worden war, deshalb. Mein erster Ehemann hatte bereits auf der Hochzeitsreise erkannt, daß er keine Lust mehr auf mich hatte. Bob hat eben etwas länger gebraucht.

Es war Oktober und mein Geburtstag. Ich war mit Bob in der Tower Suite verabredet, dem tollen Restaurant auf dem »Time and Life Building«, wo uns von einem nur für uns tätigen Kellner ein elegantes Abendessen serviert wurde. Alles war so himmlisch angeberisch und ein Riesenspaß. Wir waren schon einmal in diesem Restaurant gewesen, im Januar, an Bobs Geburtstag, und während Martin, unser »Butler«, diskret im Hintergrund wartete, um unsere Cognacgläser wieder aufzufüllen, machte Bob mir einen Heiratsantrag. Selbst wenn ich ihn nicht bereits geliebt hätte, hätte ich aus Stein sein müssen, um in dieser Atmosphäre nicht anzunehmen. Um die Wahrheit zu gestehen, ich hatte bereits während des ganzen Essens gedacht, heute Abend muß er mich bitten ... Oder vielleicht soll ich ihn bitten? Zum Glück erklärte Bob sich, ehe ich die romantische Szene kaputtgemacht habe. (Ich weiß, es klingt spießbürgerlich, sich zu wünschen, daß er um meine Hand bittet, aber es war wahnsinnig schön.)

Nun waren wir verheiratet. Es war mein Geburtstag, und wir saßen wieder in der Tower Suite. Die Lichter von Manhattan blinzelten uns zu. Der Ober war höflich und fabelhaft. Das Essen war köstlich. Wir hielten Händchen unter dem Tisch. Bob schenkte mir eine süße goldene Maus mit einem entzückenden, langen gewundenen Schwanz. Ich wußte, daß ich zu Hause noch ein Geschenk bekommen würde. Schließlich hatte ich Geburtstag!

Ich schwebte nur so nach Hause, von Wein und Brandy beflügelt. Etwas schläfrig, aber bebend vor Aufregung, legte ich mein Äquivalent zu dem schwarzen Nachthemd an – eines von Bobs alten blauen Hemden, das mir bis zum Knie reicht. Ich schlüpfte ins Bett und wartete. Und wartete. Und wartete. Wo blieb Bob nur? Wo blieb mein leidenschaftlicher Liebhaber mit meinem ganz speziellen Geburtstagsgeschenk?

Ich suchte die ganze Wohnung nach ihm ab. Leises Schnarchen führte mich ins Wohnzimmer. Da lag er, ausgestreckt auf der Couch, und schlief tief und fest. Er hatte angefangen, die Zeitung zu lesen, während ich damit beschäftigt war, mich unwiderstehlich zu machen, und war nicht einmal bis zur Sportseite gekommen.

Was für eine komische Szene. Habe ich hysterisch gelacht, ihn wachgerüttelt und mit ins Bett geschleift? Natürlich nicht.

Ich tapste in die Küche, nahm mir ein Glas Milch und eine Schachtel Keks und sublimierte meine Leidenschaft. Schließlich weckte eine Polizeisirene Bob aus seinem wein- und arbeitsbedingten Tiefschlaf, er kam in die Küche und blinzelte mich schläfrig an. »Wie kannst du nach diesem riesigen Abendessen immer noch essen?« fragte er verblüfft.

Ich rülpste zurückhaltend, während eine Träne auf den Keks kugelte.

»Was ist denn los?« fragte er und legte den Arm um mich.

Da habe ich es ihm gesagt. Daß ich verstünde, daß er nicht mehr mit mir ins Bett gehen möchte, daß er mich nicht mehr lieben könnte, daß er mich zwar immer noch sehr gerne hätte und es nicht übers Herz brächte, mir das zu sagen, und daß ich mich still aus seinem Leben entfernen würde, et cetera, et cetera. (Auch ich kann neurotisch sein.)

Bob schüttelte nur den Kopf und schaute mich verständnislos an. Schließlich und endlich ließ ich auch ihn zu Worte kommen.

»Du bist wunderschön«, sagte er, »und ich liebe dich. Aber du bist verrückt. Wollen wir darüber reden?«

Wir setzten uns, schmiegten uns aneinander und sprachen über die reale Welt und den Druck, den sie plötzlich auf uns ausübte, über wirkliche und psychologische Müdigkeiten, die nichts mit Liebe oder Nichtliebe, aber alles mit Spannung im Beruf zu tun haben. Ich gab sogar zu, daß es viele Abende in den letzten Wochen gegeben hat, da ich erleichtert war, daß Bob nichts mit mir vorhatte.

Wir haben an diesem Abend gelernt, wie wir es im Laufe unserer Ehe immer wieder lernen sollten, daß zwei Menschen durch ein Gespräch immer eine Lösung für ein Problem finden, wenn sie eine Lösung finden wollen. Wir haben gelernt, daß es keine Tragödie bedeutet, Sex nicht nach Fahrplan zu konsumieren, daß ein Wegfallen jedoch nicht ignoriert werden sollte. Man muß darüber reden. Es mag physische Gründe geben, wie in unserem Fall Müdigkeit und Nervosität, die das Liebesspiel verhindern: Probleme mit dem Akt selbst wie in meiner ersten Ehe oder aber es ist lediglich die Natur, die ihren Weg nimmt, wie bei Celia und Mike.

Jede Veränderung im Sexleben kann zu einem potentiellen Problem ausarten und sollte besprochen werden. Als Bob und ich versuchten, ein Baby zu bekommen, mußten wir natürlich den Koitus an ganz bestimmten Tagen betreiben. Wenn ich daran zurückdenke, hat es viele komische Momente geben, die uns damals jedoch nicht zum Bewußtsein gekommen sind.

Es gibt eine grundsätzliche Regel, was die Befruchtung anbetrifft, die viele Ehepaare befolgen, nämlich dem Temperaturzyklus und dem Kalender zu folgen. Wir wissen von Frauen, die ihre Männer mitten bei der Arbeit anrufen und ihnen sagen, sie sollen sofort nach Hause kommen. Bob ist zwar nie aus einer Kundenbesprechung fortgerannt und hat sich noch im Laufen den Hosenschlitz aufgemacht, aber es hat Tage gegeben, an denen der Geschlechtsakt obligatorisch war. Manchmal ist uns das beiden sogar recht schwergefallen.

Sex nach Zeitplan, die Idee, echt arbeiten zu müssen, um eine Schwangerschaft zu bewerkstelligen, ist alles eher als angenehm. Nichts kann der Lust einen größeren Dämpfer aufsetzen, als zu wissen, daß die Liebe programmiert ist, verbucht und sogar kritisiert wird. Das ist eine Zeit, da zwei Menschen alle Zärtlichkeit, alles Verständnis brauchen, dessen sie fähig sind. Was uns anbelangt, wir haben ein bißchen gelacht, ein bißchen geweint und viel geredet. Wir haben geredet, um uns gegenseitig zu überzeugen, daß dies alles der Mühe wert sei.

Sexuell gesehen hätte das zur Katastrophe führen können, doch da unsere Gefühle füreinander gerade in jener Zeit so außergewöhnlich tief waren, hatte unser Geschlechtsverkehr, so oft er auch erzwungen war, einen ganz besonderen Reiz. Ich habe oft mit anderen Frauen gesprochen, die sich durch ein derartiges Fruchtbarkeitsprogramm durchgeackert und dabei herausgefunden haben, daß sie in dieser Zeit ebenfalls ein erstaunlich gutes Verhältnis zu ihren Ehemännern erlebt hatten. Nicht daß der Liebesakt an sich besonders reizvoll gewesen wäre, er war für gewöhnlich verkrampft und unnatürlich. Aber das Gefühl zwischen Mann und Frau war gut, als ob das Problem an sich jeglichen kleinlichen Ärger aus der Welt räumen würde.

Andere Änderungen in unserem Sexleben sind weniger offensichtlich, sollten jedoch ebenfalls offen und ehrlich diskutiert werden. Manchmal passiert es, daß wir wochenlang »zu müde« sind, miteinander ins Bett zu gehen. Für uns ist das ein Warnsignal, daß eine Mauer im Bau ist und wir darüber reden sollten.

Über die Intimsphäre zu sprechen fällt den meisten Menschen schwer, uns fällt es auch nicht gerade leicht. Freundschaft, Zärtlichkeit, Mitgefühl und liebevolle Hilfe helfen, einige Barrieren auf dem Wege zur offenen Diskussion niederzureißen. Und wenn sie fallen, fühlen wir uns geborgen und realisieren noch intensiver, wie wichtig es ist, sich so offen als möglich über Sex zu unterhalten.

Statt sich im Bett einfach auf die andere Seite zu drehen und zu sagen: »Tut mir leid, Schatz, aber ich bin todmüde«, ist es für mich ganz wichtig, Bob zu sagen, daß ich zufällig keine Lust habe. Und wenn Bob sich Sorgen macht, daß ich seiner Meinung nach immer seltener die Initiative ergreife, dann muß er mir das sagen. Wenn ich etwas genieße, was Bob auch genießt, muß ich ihm das sagen. Schweigend zu genießen ist keine Art sich mitzuteilen – oder gar eine Wiederholung zu erreichen.

Manchmal muß man eben ein bißchen lauter anklopfen, wie Bob so schön sagt. Wie viele Nächte habe ich mich nach Sex gesehnt und er ebenfalls, aber kein Sex ist zustande gekommen, weil jeder gedacht hat, der andere sei zu müde.

Seitdem wir wissen, wie wir an unsere Sexprobleme herangehen sollen, fühlen wir uns viel freier im Bett und so viel ungenierter und haben viel mehr Spaß daran. Während wir dieses Kapitel geschrieben haben, hat Bob plötzlich mittendrin gesagt: »Weißt du was, dieses ganze Gerede über Sex macht mich scharf.«

Als Antwort knurrte mein Magen. »Und mich scheint es hungrig zu machen«, erwiderte ich. »Laß uns zu Mittag essen.«

Bob lachte, und ich bin hinuntergegangen und habe ein paar Sandwiches gemacht. Aber dann, nach dem Essen ...

Na ja, davon handelt dieses Kapitel.

5. Freunde oder Feinde

»Eine gute Ehe ist keine 50/50 Angelegenheit
sie muß 60/60 sein.«
Maurice Chier

Es gibt ein Spiel, das so ungefähr jedes Ehepaar spielt. Es heißt: »Na, warte!«

Es wird gespielt, wenn der eine wütend ist, und statt daß er darüber spricht, speichert er geheime Wut, wartet auf ein Stichwort – und schlägt zu! Das Ergebnis ist, daß Freunde anfangen, sich wie Feinde zu benehmen.

Nehmen wir einmal Gloria und Fred. Zwei Menschen, die sich wirklich lieben, aber sie wissen ganz genau, wie man »Na, warte!« spielt.

Als unser Sohn Mark in die erste Klasse ging, wurde er dazu auserwählt, bei der Schulaufführung zu singen. Er lud alle Verwandten und Freunde ein – natürlich auch seine ganz speziellen Freunde Gloria und Fred.

Gloria versprach, sie würde versuchen zu kommen. »Vergiß nicht, es Fred zu sagen«, erinnerte Mark sie.

Gloria hat Fred nie Bescheid gesagt, er fiel aus allen Wolken, als Mark ihn ein paar Tage später fragte, warum er nicht bei der Schulaufführung war.

»Warum hast du mir denn nicht gesagt, daß wir eingeladen sind?« fragte er Gloria. »Ich weiß nicht, ob ich meinen Zeitplan hätte ändern können, aber ich hätte es zumindest versucht.«

»Ich hätte mir nicht im Traum einfallen lassen, daß du deinen Tagesplan ändern würdest, bloß um zu Mark in die Schule zu kommen«, fuhr Gloria ihn an. Dann wandte sie sich an uns. »Für unsere Kinder hat er das nämlich nie getan.«

»Na, warte!« ist ein ganz einfaches Spiel. Manchmal ist es fast unmöglich zu widerstehen. Bob und ich wissen ganz genau, wie destruktiv dieses Spiel sein kann, und trotzdem spielen auch wir es manchmal.

Im letzten Sommer entschloß ich mich, die Kinder (Liza zwölf, Mark acht) zu Besuch zu meinen Eltern in Florida mitzunehmen. Die Schule war vorbei, und das ewige Aufeinanderhocken löste ständig Streit aus zwischen den Kindern. Jeden Tag gab es Geschrei und laut zugeworfene Türen. Schließlich konnte Bob es nicht mehr länger ertragen.

»Wenn ich die Mami wäre«, sagte er eines Tages, als Mark Liza so lange verdroschen hatte, bis sie aus vollem Halse plärrte, »würde ich so ungezogene Kinder nicht mit nach Florida nehmen. Ich würde alleine fahren.« Lizas Geschrei brach mitten in einem hohen C ab, und Marks Hand blieb in der Luft hängen. Wie ein Segen senkte sich Frieden über uns.

Recht hat er, dachte ich. Warum soll ich wirklich zwei Schreihälse auf so eine Reise mitnehmen? Natürlich wußte ich, daß ich es doch tun würde. Und Bob wußte es auch.

Seitdem hielt Bob sie fest an der Kandarre; wenn sie anfingen zu streiten, sagte er zum Beispiel: »Höre ich Ungezogenheiten? Weib, wenn ich du wäre, würde ich diese Kinder zu Hause lassen.«

Die Tage vergingen, Bob fuhr fort, ihnen die Reise wie ein Damoklesschwert über dem Kopf zu halten, die ständigen Wiederholungen gingen mir jedoch auf die Nerven. Ich war wütend auf das, was ich als Bobs Unehrlichkeit empfand (weil ich die ganze Angelegenheit unaufrichtig von Bob fand). Aber ich habe kein Wort gesagt.

Die Entladung kam schließlich genau an dem Tag, an dem Mark – wieder einmal – seine Milch verschüttete. Sie ergoß sich über alles und noch was und tröpfelte auf den Boden. Während er sich auf die Socken machte, um Papierhandtücher zum Aufwischen zu holen, warf er Liza einen Blick zu.

»Sie lacht«, sagte unser sensibler kleiner Junge und haute ihr im Vorübergehen eine auf den Hinterkopf.

»Er hat mich geschlagen«, brüllte Liza. »Ich blute!«

»Höre ich Ungezogenheiten?« donnerte Bob los. »Ich bin wirklich der Meinung, daß man diese Kinder nirgends mit hinnehmen kann.«

»Warum kannst du nicht aufhören, an diesen armen kleinen Geschöpfen herumzunörgeln?« schrie ich. »Du sagst, sie sind unartig? Sie sind bösartig? Wenn einer hier bösartig ist, bist du das! Laß sie in Ruhe!«

Bob starrte mich an wie die Kuh das neue Tor. Wie er sich heute an diesen Zwischenfall erinnert:

»Ich spiele diese harmlose Halbwahrheit weiter, in der Annahme, es wäre eine gute Sache und die Kinder bleiben bei der Stange. Sie waren braver als seit Monaten. Ich fühlte mich wie ein Held. Immerhin tat ich Dorothy einen Gefallen.

Und sie sagt kein Wort, daß sie mit meiner Taktik nicht einverstanden ist. Keine einzige Warnung wie: ›Ich weiß nicht, ob es gut ist, den Kindern so etwas zu sagen.‹ Und ich steh' da und denke, was für ein toller Bursche ich bin. Und plötzlich bin ich überhaupt nicht mehr toll.«

Bob war das Opfer dieses meines ganz besonderen »Na-warte!«-Spieles. Ich hatte ihn ahnungslos einen Weg einschlagen lassen, den er für richtig hielt, während ich mit meiner Wut auf der Lauer lag und nur auf die Gelegenheit wartete, ihm eine vor den Latz knallen zu können.

Das ist grundsätzlich die Regel Nr. 1 beim »Na, warte!«: Lulle deinen Feind mit einem falschen Gefühl der Sicherheit ein. Und dann zerreiß ihn in der Luft!

Grundsatzregel Nr. 2: Laß keine Wunde durchgehen, ohne dich zu rächen.

Das hätte natürlich Bobs Reaktion sein können. Zum Glück ist er mein Freund und hat nicht »Na, warte! Und noch einen drauf!« gespielt. Es wäre ganz einfach für ihn gewesen, wenn »Na, warte!« zu unserem täglichen Leben gehört und nicht nur eine seltene Sünde gewesen wäre.

Aber für viele Menschen ist »Na, warte!« eine Lebensphilosophie. Sie merken sich alles. Sie halten Ausschau nach einer Gelegenheit, es dem anderen heimzahlen zu können. So war es zumindest früher bei Helen und Al . . .

»Die Bickersons kratzten sich wieder einmal die Augen aus«, pflegte Harry zu sagen, während wir erschrocken um den

Pokertisch saßen und Al auf Helen losging: »Wie konntest du nur mit so einem Blatt mitgehen? ... Warum kannst du beim Setzen nicht besser aufpassen? ... Das war aber ein blöde Ansage. Kannst du nicht sehen, daß du sogar auf dem Tisch schon geschlagen bist?«

Ihre Ehe war ein ständiger Kampf. Al schien es Spaß zu machen, und obwohl Helen mitspielte, war sie nie mit dem Herzen dabei. Dieses Strickmuster machte ihr Sorgen, aber sie wußte nicht, wie sie es ändern sollte. Zum Schluß suchte sie Zuflucht bei der Psychoanalyse.

Diese Therapie erwies sich als eine große Hilfe. Sie war plötzlich in der Lage, klar darüber nachzudenken, was sie von der Ehe erwartete, und sie hatte aufeinmal den Mut, ihre Gedanken auch in Worte zu kleiden. Eines Tages stellte sie dann Al ein Ultimatum.

»Hör auf, Spiele mit mir zu spielen«, sagte sie zu ihm. »Sei mein Freund. Hilf mir und habe mich lieb. Unsere Ehe steht auf Messers Schneide.«

Al war schockiert. »Na, warte!« zu spielen gehörte schon so sehr zu seinem Leben, daß er es nicht einmal mehr merkte, wenn er dieses Spiel spielte. Aber er liebte Helen und wollte ebenso, daß ihre Ehe bestehen blieb. Er war erstaunt, daß er plötzlich Respekt empfand für diese »neue Frau« in seinem Leben. Und er fing an, sich zu ändern. Lob und offen zur Schau getragene Sympathie waren in ihr Leben getreten.

»Jetzt ist er so gut zu mir, daß ich nicht mehr weiß, was ich meinem Psychiater erzählen soll«, witzelt Helen.

Auch wenn Al und Helen zu den Extremen zählen, spielen fast alle Ehepaare »Na, warte!«. Wenn es zu oft gespielt wird, kann es jede Ehe zerstören, selbst ein gelegentliches Spielchen kann die Freundschaft zerstören. Manchmal entwickelt sich bereits im frühen Stadium einer Ehe ein Problem, und wenn es nie aus der Welt geschafft wird, bleiben Wehleidigkeiten und Wut zurück, die immer wieder dazu anregen, es dem anderen heimzuzahlen. Gloria und Fred spielen immer noch »Na, warte!«.

Gloria und Fred haben während des Zweiten Weltkriegs geheiratet. Als der Krieg zu Ende war, bekam Fred die Genehmigung, seine Familie nach Japan nachkommen zu lassen. Während Gloria die Koffer packte, hatte ihre Mutter, bei der sie lebte, einen »Herzanfall«. Sie brachte sie schleunigst ins Krankenhaus. Wie sich herausstellte, war das Herz zwar in Ordnung, doch Gloria verschob die Reise.

Einen Monat später erklärte Gloria ihrer Mutter wieder, daß sie und das Kind nun nach Japan und zu Fred fahren würden, wieder erlitt ihre Mutter einen »Herzanfall«, und wieder wurde die Reise verschoben.

Gloria ist nie zu Fred gekommen, und er hat ihr das nie wirklich verziehen. Bis zum heutigen Tage ist Japan das heiße Eisen in ihrem »Na-warte!«-Spiel.

Zum Beispiel: Eines Abends besuchten wir Gloria, Fred und ihre Tochter Maryanne, die inzwischen verheiratet ist und selbst ein Kind hat. Ihr Mann war in Vietnam.

»Ich würde das Baby unter den Arm nehmen und lieber heute als morgen hinfliegen, wenn man mich ließe«, erklärte Maryanne.

»Ich bin froh, daß das nicht der Fall ist«, erwiderte Gloria. »Vietnam ist kein Platz für dich – und ganz gewiß kein Platz für ein sechs Monate altes Baby.«

»Du klingst genau wie deine Mutter«, fuhr Fred seine Frau an. »Genau das hat sie damals auch gesagt, als ich dich gebeten habe, nach Japan zu kommen. Ich war der einzige in dem ganzen Regiment, dessen Frau nicht rübergekommen ist. Und du sagt, du hättest deiner Mutter nicht am Schürzenzipfel gehangen?«

Na, warte!

»Du hast leicht reden«, konterte Gloria. »Wißt ihr eigentlich, daß wir die ersten Jahre unserer Ehe jeden Sonntagabend bei seiner Mutter essen mußten? Es hat keinen einzigen Sonntag in zehn Jahren gegeben, den ich für mich gehabt hätte. Und er redet, wie sehr ich an meiner Mutter gehangen habe!«

Na, warte! Und noch einen drauf!

Es gibt jede Menge Möglichkeiten, in jeder Ehe, »Na, warte!« zu spielen, aber wenn man gut Freund ist, versucht man der Versuchung zu widerstehen.

Als ich noch im Reisebüro arbeitete, habe ich Bob jeden Tag mit einem neuen Problem konfrontiert, und er hat mir seinen Rat angeboten. Ratgeber innerhalb einer Ehe zu sein, hat so seine Tücken. Man wird verletzlich. In der Hand eines Feindes ist ein guter Rat – erbeten oder unerbeten – eine fabelhafte Waffe.

Es wäre mir ein leichtes gewesen, Bobs Ratschläge gegen ihn zu wenden. »Wie kann man nur so blöd sein?« hätte ich sagen können. »Wie stellst du dir das vor, einhundert Leute in ein Hotel zu verlegen, in dem es keine Kakerlaken gibt? Wie glaubst du, daß ich mitten im August in Nizza fünfzig saubere Zimmer finde?«

Ein paar solcher Abfuhren, und auch der beste Freund weiß, er hat es mit einem Feind zu tun. Nur wenn die Freundschaft Gewicht hat, versucht man, sich als Freund zu bewähren. Rachel und Dan können sich noch so oft übereinander ärgern, sie werden nie vergessen, daß sie Freunde sind.

Wir sind einmal mit ihnen zusammen auf ein tolles Wochenende in ein Haus voller Marmor und vergoldeter Armaturen nach Newport gefahren. Rachel war auf Diät gesetzt. Solange wir sie kennen, macht sie irgendeine Diät. »Ich kann mich nicht ausstehen, wenn ich fett bin«, sagte sie immer. Und damals war sie wild entschlossen, wirklich etwas dagegen zu tun. (Was sie auch getan hat).

Wir gingen in ein phantastisches Fischrestaurant an der Anlegestelle. Rachel studierte sorgfältig die Speisekarte auf der Suche nach etwas Akzeptablem für ihre neue Diät, die ausschließlich Proteine vorschrieb.

»Es ist doch ganz gleich, was du nimmst«, sagte Dan irritiert. »Das zerkocht sowieso alles zu Kalorien. Warum ißt du nicht einfach kleinere Portionen und vergißt deine verrückte Diät?«

»Weil das bei mir nicht wirkt.« Rachel war verärgert. »Ich mache diese sogenannte verrückte Diät, weil ich Hilfe brauche, um abnehmen zu können. Und die Hilfe brauche ich von meinen Freunden. Alleine schaffe ich es nicht, und wenn du dich über mich lustig machst, schaffe ich es erst recht nicht!«

Dan entschuldigte sich und sagte, es täte ihm leid, und er hat es wirklich so gemeint. Dan ist Rachels Freund. Er ist nicht darauf aus, ihr weh zu tun, und das weiß sie. Wenn er etwas Gedankenloses sagt, etwas, was sie verletzt, fühlt sie sich sicher genug, geliebt genug, ihm zu sagen: »Tu das nicht. Gerade jetzt brauch' ich deine Hilfe ganz besonders. Gib sie mir.«

Ich bin eine ganz gute Köchin, aber viel zu oft kommt das Essen bei mir lauwarm oder kalt auf den Tisch. Bob pflegte mir das unter die Nase zu reiben, aber seit er begriffen hat, daß das bei mir die Norm ist, hat er aufgehört, es zu erwähnen.

Was er darüber denkt?

»Ich habe mir gedacht, Dorothy ißt das auch, ihr Essen ist mindestens genauso kalt wie meines. Für sie muß es genauso schlimm sein wie für mich, wenn nicht noch schlimmer.«

Diese Art von Sensibilität ist lebensnotwendig. Ein kaltes Essen ist keine Staatsaffäre, aber es ist oft ein Problem gewesen (und ist es immer noch). Das weiß ich ganz genau. Solange Bob das Problem nicht für mich lösen kann, beweist er sich nicht als Freund, wenn er mich deshalb ständig zur Rede stellt. Und da er mir nicht weh tun will, ignoriert er es einfach.

Es ist nicht einfach, in einer Ehe enge Freunde zu bleiben, aber es ist schier unmöglich, wenn sich nicht beide Mühe geben, Freunde zu sein. Wenn man miteinander befreundet ist, hat man ein Gespür für den anderen, man liegt auf seiner Wellenlänge, man begreift seine Launen und seine Probleme und hat genügend füreinander übrig, um mit Zärtlichkeit und Verständnis zu reagieren statt mit Ärger.

Ich kann mich an einen Abend erinnern, wir hatten gestritten und uns wieder versöhnt – aber nicht von ganzem Herzen. Als wir ins Bett gingen, war ich immer noch beleidigt.

Bob kommt aus einer Familie, in der es der Brauch ist, nicht ohne Gutenachtkuß einzuschlafen.

»Wenn ich dir damals einen Gutenachtkuß gegeben hätte«, sagt Bob heute, »hättest du mir wahrscheinlich die Zähne eingeschlagen.«

Und eben weil Bob mein Freund ist, hat er ein Gefühl für meine Stimmungen. Er weiß instinktiv, wann er sich zurückziehen und wann er mir die Hand reichen soll. In dieser Nacht, als wir im Bett lagen, gähnte zwischen uns eine riesige Kluft. Bob streckte den Arm nach mir aus – wie beiläufig, aber mit Bestimmtheit. Er war da. Wenn ich mich umdrehen und an ihn schmiegen wollte, bitte. Und wenn ich es nicht wollte, war er zufällig trotzdem da. Ich konnte die Geste entweder annehmen oder zurückweisen, doch auch die Zurückweisung wäre kein Beinbruch gewesen. (»Arm? Was für ein Arm? Ach der . . .«)

Das ist eine ganz überlegte Technik, aber sie funktioniert. Der Arm symbolisiert eine Art Abkürzung – eine Art zu sagen: »Laß uns aufhören. Unser Streit ist idiotisch. Laß es uns vergessen, laß uns aneinanderkuscheln und uns wohl fühlen.«

Wenn man miteinander befreundet ist, ist es leicht, Dummheiten und Fehler zu akzeptieren. Ich bekomme von Bob immer eine zweite Chance, weil er annimmt, wenn ich etwas mache, was ihn unglücklich macht, habe ich es wahrscheinlich nicht so gemeint. Weil ein Freund nicht will, daß man unglücklich ist.

Ein Freund kann einem nichts Böses antun. Unseren Freunden verzeihen wir alles. Wir verstehen sie. Wir haben Geduld mit ihnen. Wie oft haben Mann und Frau jede Menge Geduld mit der Welt außerhalb, nur nicht miteinander.

Wenn Sie Freund sind, geben Sie acht, was Ihr Freund braucht; Sie übersehen oder ignorieren die Kummerzeichen nicht, sondern sagen: »Was ist los? Kann ich dir helfen?« Und dann stellt man sich auf die Wellenlänge des anderen ein. Will Bob sich hinsetzen und reden? Muß ich Dorothy jetzt ganz fest in den Arm nehmen? Wäre ein »Nachmittagsschläfchen« die richtige Medizin für uns? Oder sollen wir uns einfach aus dem Weg gehen? Wenn Sie ein Freund sind, versuchen Sie alles, um die richtige Antwort auf jede Situation zu finden, und wenn man es ehrlich versucht, gelingt es einem für gewöhnlich auch.

Wenn Sie sich feind sind, werden Sie jede Art von Sensitivität mit der Wurzel ausreißen. Sie können es gar nicht erwarten, in den Krieg zu ziehen und »Na, warte!« zu spielen. Sobald sie die hochgezogene Augenbraue sehen, ziehen Sie das Kriegsbanner auf, weil Sie ganz genau wissen, jetzt kommt ein größeres Scharmützel auf Sie zu. (»Was für ein Spaß! Ich fühle mich miserabel. Er fühlt sich miserabel. Wäre doch gelacht, wenn es uns nicht gelingen würde, uns ganz und gar beschissen zu fühlen.«)

Freunde zu sein ist uns in unserer Ehe wichtiger als irgend etwas anderes. Mit einem Freund zusammenzuleben ist ein angenehmes Leben. Wenn die Ehe glücklich ist, sind beide glücklich. Wenn die Dinge schlimm sind, sind sie für beide schlimm. Jeder süße Augenblick, den Bob und ich miteinander verleben, ist ein Geschenk, und ich fühle mich wohl. Jeder ärgerliche oder neutrale oder gefühllose Augenblick bewirkt, daß ich mich nicht wohl fühle. Ich fühle mich vielleicht nicht beschissen, aber ich fühle mich auch nicht wohl.

Freundschaft ist einer der großen Vorteile, die die Ehe zu bieten hat. Natürlich gelingt das nicht immer hundertprozentig. Wir haben Zeiten gehabt, da hingen Eiszapfen von unserer Zahnbürste, aber die Liebe ist geblieben, weil wir Freunde geblieben sind. Wir waren bereits Freunde, als wir geheiratet haben, und im Laufe der Ehe ist auch die Freundschaft gewachsen. Heute ist Bob mein bester Freund, und ich bin seine beste Freundin.

Mit einem guten Freund zusammenzuleben, kann das ganze Leben verändern und Kraft geben, um Dinge zu tun, die man alleine nicht bewältigen könnte, oder es kann einfach das Niveau des täglichen Lebens anheben. Es wird einfacher, die täglichen Hürden zu nehmen. Nehmen Sie zum Beispiel Melanie und Bart und ihr Haus, das unter einem Unstern gebaut worden ist.

Bei manchen geht alles schief, was schiefgehen kann. Melanie und Bart haben sich ein Haus auf Fire Island gebaut. Alles, was schiefgehen konnte, ist schiefgegangen. Ihre Nachbarn protestierten gegen ihre Grundstücksaufteilung und zitierten sie vor Gericht. Ihr Architekt hat ihnen ein sensationelles Haus entworfen, aber für ihre Art zu leben hätte es nicht falscher sein können. Er stellte sich *House Beautiful* vor, sie leben wie *Mad Magazine.* Ihr Baumeister fing zu spät im Jahr mit dem Bau an und stellte ihn einfach ein.

Und zu allem haben Melanie und Bart gelächelt. Nicht ein einziges Mal haben sie »Na, warte!« gespielt, obwohl sich jeden Tag neue Möglichkeiten dazu angeboten haben.

Eines Tages zum Beispiel hat Melanie sich mit dem Architekten verabredet, um einige ihrer vielen Probleme direkt auf der Baustelle zu besprechen. Es war Mitte März, die Insel kalt und fast menschenleer. Melanie hatte ein paar Freunde, die von Übersee auf Besuch waren, eingeladen, ihr neues Haus im Neubau zu begutachten.

Alle kamen, nur der Architekt nicht. Auch telefonisch ließ sich nicht feststellen, wo er steckte. Das Haus war abgesperrt. Melanie und Bart hatten keinen Schlüssel. Sie konnten durch die riesigen Glasfenster schauen, konnten aber nicht hinein. Und während der ganzen Zeit, als sie alle vier zitternd im Märzwind standen, ohne eine Tasse Kaffee (und ohne Toilette), sagte Bart nicht ein einziges Mal: »Wie kann man nur so blöde sein? Du kennst doch den Ruf dieses Burschen, du weißt, er ist unzuverlässig. Hättest du ihm nicht wenigstens sagen können, er soll uns einen Schlüssel hinterlegen?«

Nicht daß Bart ein Heiliger ist (oder ist er das doch?), aber er sah, wie genervt Melanie war, und wollte ihr nicht weh tun, indem er auch noch seinen Ärger an ihr losließ. Er ist ihr bester Freund, und er würde sich nie gegen sie stellen.

Melanie und Bart überlebten diese Erfahrung, und ihre Ehe überlebte den Hausbau, weil sie Freunde sind. Sie schalten weder ab, noch wenden sie sich ab, wenn sie Probleme haben. Sie haben gelernt, als Freunde miteinander zu leben – und nicht als Feinde.

6. Rollen

Wenn Bob den Wagen fährt, spielen wir immer ein Spiel. Es heißt Pilot an Navigator. Zum Beispiel:

Wir fahren von Montclair nach Fire Island, eine Fahrt, die wir oft machen. Sobald wir über die George-Washington-Brücke kommen, fahren wir auf die Ausfahrtspur. Wenn er dieser Fahrspur folgt, kommt er zur East Side von Manhattan, was in Ordnung ist, wenn er ins Büro fährt, aber nicht, wenn er nach Fire Island will.

»Es wäre besser, du wechselst die Spur«, erinnere ich ihn.

»Danke, das hätte ich beinahe versäumt.«

Er schwingt in die richtige Fahrspur. »Hilf mit aufzupassen«, sagt er, als wir eine Batterie Straßenzeichen nach der anderen passieren, die alle nur dazu da sind, ihn zu irritieren, damit er eine falsche Abfahrt nimmt. »Laß mich jetzt nicht im Stich.«

So geht das fast jedes Wochenende, das ganze Frühjahr, den ganzen Herbst. Und es geht so, weil meine Rolle die des Navigators und Bobs die des Piloten ist. Das Spiel gefällt uns, wir genießen es. Und es funktioniert.

Manchmal, wenn wir Sonntag abend von der Insel zurückkommen, bekomme ich eine besonders schwierige Aufgabe zugeteilt. Vor uns, auf dem Southern State Parkway, sehen wir eine lange Schlange von roten Rücklichtern. Hurra! Eine Verkehrsstockung. Wir müssen den Parkway verlassen und uns auf Seitenstraßen nach Hause schlängeln.

Ich ziehe meine Straßenkarte heraus. (Ich liebe Straßenkarten. Ich kann mich hinsetzen und stundenlang Straßenkarten wie andere Leute Pornohefte lesen.) Ich gebe Weisungen. Hier nach rechts, dort nach links. Zwei Blocks bis zur Gabelung und halte dich links. Wir fahren durch leere Straßen und denken mit Mitleid an all die armen Leute in ihren überheizten Autos an der

Southern State. Ich führe uns auf die brillanteste Art und Weise zum Northern State, auf dem wir recht gut vorwärtskommen. Hie und da enden wir in einer Sackgasse, mitten in der Grillparty auf dem Hinterhof fremder Menschen, aber meistens komme ich gut durch. Und wenn ich Bob wirklich einmal in die Irre führe, was selten genug vorkommt, spielt er nicht »Na, warte!«, er dreht einfach um und fährt in der entgegengesetzten Richtung weiter.

Komischerweise ist Bob in der Stadt ein Hexenmeister hinter dem Steuer. Setzen Sie ihn in der Wildnis der Hintergassen von Greenwich Village aus, und er erweist sich als Pfadfinder erster Klasse. Taxifahrer halten *ihn* an, um ihn nach dem Weg zu fragen. Aber lassen Sie ihn auf einem Highway los, und er wendet sich, ohne darüber nachzudenken, todsicher in die verkehrte Richtung.

Die Rollen von Pilot und Navigator machen uns Spaß, und wir lachen darüber, im Grunde genommen sind es jedoch ganz ernsthafte Rollen. Sie spielen eine große Rolle in unserer Ehe und helfen uns, den Frieden zu bewahren. Wir lieben unsere Rollen, weil wir wissen, daß sie uns helfen, Reibungen zu vermeiden. Obwohl ich nichts dagegen habe, selbst zu fahren, liebe ich es, den Weg zu finden. Bob fährt gerne und haßt es, Beifahrer zu spielen. (Dauernd steigt er, ganz unauffällig, wie er meint, auf eine unsichtbare Bremse.) Er selbst haßt Beifahrer, die selbst mitfahren, aber als Navigator bin ich sein Partner. Ich sage ihm ja nicht, *wie* er fahren soll.

Dabei stamme ich aus einer Familie von traditionellen Beifahrern. Meine Mutter hat meinem Vater immer ganz genau gesagt, wie er den Wagen fahren muß. (Steig doch auf die Bremse! Jetzt! Um Himmels willen!) Ich erinnere mich, bei meinem ersten Rendezvous mit Bob bin ich fast an den Fahrinstruktionen erstickt, die ich hinuntergeschluckt habe. Er besaß damals einen kleinen Wagen, eine Isetta, die man vorne aufmachte, Platz für drei Personen, Schulter an Schulter, auf der einzigen Bank bot und geräuschvoll auf einem Zylinder dahinpuffte. (Können Sie sich kräftige 13 PS vorstellen?) Bob flitzte durch den Verkehr, quetschte sich zwischen gigantischen Lastwagen hindurch und kam im letzten Moment hinter monströsen Bussen zum Stillstand. Es hat mich große Anstrengung gekostet, den Mund zu halten. (Ich werde nicht wie meine Mutter. Nein, das werde ich nicht.) Meine Rolle war die des Passagiers, Bobs Rolle war die des Fahrers. Ich hielt den Atem an – und meine Zunge in Zaum. Und Bob bat mich um ein zweites Rendezvous.

Rollen waren von unserem ersten Rendezvous an wichtig für uns, nicht nur als Fahrer und Beifahrer, sondern auch als Gast und Gastgeber. Es war erfrischend und auch ein wenig überraschend für mich, einen Mann zu treffen, der schon von vornherein entschieden hatte, wohin wir zum Abendessen gehen sollten und wie man dahin kommt. (All diese Jahre des »Wo möchtest du essen? ... Klingt nicht schlecht ... Sollen wir ein Taxi oder den Bus nehmen?«)

So wie wir auch, spielen fast alle Menschen, die wir kennen, mehr als eine Rolle innerhalb ihrer Ehe. Von Zeit zu Zeit werde ich von seiner Frau zu seiner Tochter oder zu seiner Mutter, und Bob wird mir Vater oder Sohn. In unserem Leben ist Platz für alle möglichen Arten von Rollen. Für gewöhnlich erkennen wir sie als Seitentritte von unserer ursprünglichen Rolle, verstehen ihre Funktion innerhalb unserer Ehe und reagieren mit Liebe darauf. Und manchmal schlüpfen wir in Rollen, die es uns nicht leichtmachen, sie in den Griff zu bekommen, und statt mitzuhelfen, daß die Ehe besser funktioniert, erzeugen sie Reibungen.

Zum Beispiel, unsere Freunde Barbara und Tom erzählten uns eine interessante Geschichte über Rollen, die irgendwie eine Parallele zu einer unserer Geschichten bildete. Bei beiden drehte es sich um ein Haß-Liebe-Symbol – das Automobil.

Als Tom und Barbara eine Wohngemeinschaft in Manhattan gründeten, besaß sie einen Wagen, den sie liebte und behalten wollte. Tom wollte nichts mit dem Alptraum, einen Wagen in Manhattan zu besitzen, zu tun haben. Barbara hatte zuvor auf Long Island gelebt und die Freuden nicht gekannt, die das tägliche Umparken des Wagens aufgrund der abwechselnden Parkbestimmungen so mit sich bringen. Nämlich zu versuchen, den Wagen um Mitternacht an einer Stelle zu parken, an der man beim Aussteigen nicht überfallen wird, oder eine Garage zu finden, die monatlich nicht mehr Miete verlangt, als man für seine Wohnung zahlt. Aber Tom kannte das! Und er wollte nichts mit diesem Wahnsinn zu tun haben.

»Ich halte mir nur deshalb keinen Wagen, weil ich keine Lust habe, ihn ununterbrochen von einer Straßenseite auf die andere zu bewegen, ihn in die Garage zu fahren, ihn reparieren zu lassen und zum Service zu fahren.«

Barbara versicherte ihm, er würde nichts mit dem Wagen zu tun haben. Es sei ihr Wagen. Sie hätte sich immer selbst um ihn gekümmert und würde das auch weiterhin tun. Das hätte sie sicherlich auch getan – aber Tom hat es nicht zugelassen.

Für Tom und viele andere Männer ist die Verantwortung für den Wagen die Rolle des Mannes. »Wie kann ich sie in die Reparatur fahren lassen, wenn der Wagen nicht in Ordnung ist? Was ist, wenn sie eine Panne hat? Ganz allein, mitten im Verkehr? Sie arbeitet doch so hart«, fügte er liebevoll hinzu. »Ich kann sie doch nicht an einem kalten Wintermogen in aller Herrgottsfrüh bitten, den Wagen wegzubringen.«

Barbara ist eine starke, kompetente Frau, die sehr gut in der Lage ist, sich um einen Wagen zu kümmern, und zwar überall auf der Welt. Aber sie ist auch eine kluge Frau. Wenn Tom sich unbedingt um das Auto kümmern wollte, sie hatte nichts dagegen. Da ihm diese Rolle scheinbar sehr wichtig war, war sie gescheit genug, sie ihn spielen zu lassen.

Und obwohl er der Meinung war, daß eigentlich sie sich um den Wagen kümmern sollte, ließ er es nicht zu. Er haßte es, es selbst tun zu müssen – deshalb hatte er ja nie einen Wagen haben wollen, und deshalb wurde er auch ärgerlich auf Barbara, weil sie »diesen verdammten Wagen« unbedingt behalten wollte.

Mit der Zeit nahm Barbara es für selbstverständlich hin, daß er sich um das Auto kümmerte. Plötzlich war es sein Job, nicht ihrer. Und sie fing an, ihn zu kritisieren, weil er seine Pflicht nicht besser erfüllte. Barbara ist Europäerin, und obwohl sie eine sehr liebevolle Frau ist, klingen ihre Bemerkungen oft schärfer, als sie gemeint sind. »In Europa kann jeder Mann seinen Wagen selbst reparieren«, erklärte sie Tom eines Tages. »Nur du nicht. Du mußt ihn wegen jeder Kleinigkeit in die Werkstatt bringen.«

»Das war ein Schlag unter die Gürtellinie«, erzählte uns Tom. Die Woche darauf schrieb er sich in einen Einführungskurs in Automechanik ein. Er ist nicht bereit, die Rolle, die er sich selbst aufgebürdet hat, so einfach aufzugeben, er hofft, das Problem zu lösen, das die Rolle ihm aufbürdet, um sie besser spielen zu können.

Bob und ich haben eine ähnliche Geschichte, nur mit entgegengesetzten Vorzeichen. Es war immer meine Aufgabe gewesen, mich um den Wagen zu kümmern und ihn auftanken zu lassen. Als wir noch in Manhattan lebten, parkte ich ihn von einer Straßenseite auf die andere oder brachte ihn in die Werkstätte, weil ich untertags zu Hause war und Zeit für derlei Dinge hatte. Aber ich habe es gehaßt. Jeden Tag einen anderen Parkplatz zu suchen war lästig, und mit einer Horde unverschämter Mechaniker zu verhandeln war schier unerträglich. (Seit wir im Vorort wohnen, habe ich nicht mehr soviel mit dem Wagen zu tun, aber um die Mechaniker muß ich mich immer noch kümmern.) Bob gab mir für gewöhnlich eine Liste von Dingen, die nicht in Ordnung waren oder untersucht werden mußten. Und ich spielte die Rolle der dummen Göre und versuchte mich nicht aufzuregen, wenn sich der Mechaniker allzu gönnerhaft oder herablassend oder ekelhaft gab.

Ich kam zu derselben Lösung des Problems wie Tom. Ich nahm einen Kurs in Automechanik. (Wir haben ihn gemeinsam absolviert und das Experiment genossen.) Ich habe eine Menge über Autos gelernt, wie sie zusammengebaut werden, wie sie funktionieren und was kaputtgehen kann. Und jetzt ist mir die Rolle, die ich übernommen habe, nicht mehr widerlich, denn ich komme als Gleichberechtigte in die Werkstätte. Nicht nur, daß ich jetzt natürlich weiß, was mit dem Wagen nicht in Ordnung ist, ich weiß auch, worüber der Mechaniker redet, wenn er mir sagt, er glaubt, der Fehler liegt an der Kardanwelle.

Heute funktioniere ich als Erwachsener in einer wichtigen

Rolle, nicht wie ein dummes Gör, das einen Auftrag bekommen hat.

Die meisten Ehepaare spielen auch die Eltern-Kind-Rolle. Manchmal funktioniert das gut, manchmal gibt das aber auch Konflikte.

Adam und Cynthia waren Gäste in Janes Sommerhaus. Am Sonntag sind Cynthia und Jane schon früh aufgestanden, um Tennis spielen zu gehen. Als sie zurückkamen, war Adam wütend.

»Wo seid ihr gewesen?« schrie er Cynthia an. »Ich möchte frühstücken!«

»Aber natürlich.« Cynthia flatterte am ganzen Körper. »Was möchtest du?«

»Cornflakes«, erwiderte er.

»Und ob ihr es glaubt oder nicht«, erzählte uns Jane, »Cynthia ist in die Küche gegangen, hat Cornflakes in eine Schüssel geschüttet und Milch darübergegossen!«

Gloria kauft Freds gesamte Garderobe. Er haßt es, einkaufen zu gehen, und sie liebt es. Gloria bezahlt auch die Rechnungen. Wenn sie es nicht täte, bekäme niemand sein Geld. Das sind Mutter-Sohn-Rollen, und sie funktionieren fabelhaft, sie haben nur eine einzige Schwierigkeit. Wenn sie verreisen, was sie recht häufig tun, packt Gloria seinen Koffer.

Wie jede Mutter weiß, ist es nicht einfach, für ein Kind zu packen. Man vergißt sein liebstes T-Shirt oder seinen ausgelutschten Teddybär, und das Kind schmollt die ganzen Ferien über. Genauso wie Fred.

»Wie kann man nur so blöd sein?« fragte er Gloria, als sie auspackten. »Du hast nur eine Badehose eingepackt! Was soll ich machen, wenn die naß ist?«

Jedesmal, wenn sie auf Reisen gehen, geraten sie sich in die Haare, doch Gloria fährt fort, vor jeder Reise die Koffer für Fred zu packen.

Gloria und Fred spielen mit Erfolg die verschiedensten Mutter-Sohn-Rollen, und nur in dieser einen Hinsicht geben ihre

Rollen zum Streit Anlaß. Nancy und Steve spielen eigentlich keine Mutter-Sohn-Rollen, nur auf einem einzigen Gebiet, und der Konflikt ist gigantisch.

Nancy und Steve haben drei Kinder und eine Stadtwohnung in New York. Nancy kann es kaum mehr erwarten, bis ihr Jüngstes groß genug ist, daß sie wieder ihrem Beruf als Lehrerin nachgehen kann. Sie findet es wichtig, bei ihren Kindern zu bleiben, solange sie noch klein sind, von ihrer Rolle als Hausfrau jedoch ist sie nicht allzu begeistert. Das schlimmste sei, hinter allen aufzuräumen, sagt sie. Es sei schlimm genug, hinter den Kindern herräumen zu müssen, aber was sie wirklich aus dem Häuschen bringt ist, daß sie dies auch für Steve tun muß.

»Da liegen drei Paar Hosen auf der Kommode und zwei Paar Schuhe unter der Heizung. Wieso ist das meine Aufgabe?«

»Wieso auch?« haben wir sie gefragt. »Warum läßt du Steves Sachen nicht einfach liegen und wartest ab, was passiert? Vielleicht, wenn du ihm die Möglichkeit gibst oder er die Notwendigkeit einsieht, macht er es in Zukunft selbst.«

»Könnt ihr euch vorstellen, wie dieses Haus aussehen würde«, erwiderte sie, »bis er sich vielleicht bequemen würde, etwas zu unternehmen? Das könnte ich nicht aushalten.«

Nancy hat sich eine Rolle aufgebürdet, die sie haßt, was dauernd Reibereien in ihrer Ehe verursacht. Für uns wäre die Lösung eine einfache, aber dazu ist sie nicht fähig. Vielleicht gefällt es ihr, Steves Mutter zu spielen, obwohl wir der Ansicht sind, drei Kinder sollten genügen. Wozu noch ein viertes?

Vor kurzem hatten wir ein erfrischendes Gespräch mit meiner Freundin Arlene, die sich weigert, ihren Mann Charlie zu bemuttern. Sie erzählte uns von einer Situation, bei der sie von vornherein wußte, daß Charlie tief verletzt sein würde. Er hatte sich mit ein paar Leuten angefreundet, und Arlene konnte sehen, daß es für diese immer schwieriger wurde, mit Charlies intensiven Gefühlen für sie fertig zu werden.

»Ich wußte, seine Anhänglichkeit würde ihnen eines Tages zur Last fallen«, erzählte sie mir. Und als es soweit war, war Charlie am Boden zerstört.

»Ich habe es kommen sehen, habe aber nicht versucht, ihn davor zu bewahren. Und jetzt frage ich mich, habe ich recht gehandelt? Vielleicht hätte ich verhindern können, daß er jetzt so verletzt ist. Vielleicht hätte ich es versuchen sollen. Aber er ist mein Mann – nicht mein Sohn. Was würde denn aus uns als Mann und Frau werden, wenn ich anfange, seine Mutter zu spielen?«

Wir sind der Meinung, daß Arlene recht hatte, obwohl ihr ihre Entscheidung nicht leichtgefallen ist. Natürlich bin ich hier und da Bobs Mutter, aber das ist keine konstante Rolle. Ich fälle keine Entscheidungen für Bob, ich kommandiere ihn nicht herum oder versuche ihn von der Welt abzuschirmen. Nur ein einfaches Beispiel:

Bobs Vater war Arzt. Er war es gewöhnt, bei dringenden Fällen zu jeder Tages- und Nachtzeit angerufen zu werden. Ganz egal, wie spät es war, Bobs Mutter ist aus dem Bett gesprungen und hat ihm, während er sich anzog, ein paar Eier in die Pfanne geschlagen. (Ich weiß, sie hat es nur lieb gemeint, aber mich hat oft gewundert, wie der arme Mann um drei Uhr in der Früh einen Teller Rühreier hinunterwürgen konnte.)

Ich stehe jeden Morgen um halb sieben Uhr auf, mache das Frühstück für Liza und schicke sie um halb acht in die Schule. (Ich kann es immer noch nicht glauben, daß ich das bin, die da noch vor Sonnenaufgang in der Küche herumwieselt!) Für gewöhnlich steht Bob zur gleichen Zeit auf, und wir frühstücken alle zusammen. Es kann jedoch vorkommen, daß Bob bereits um halb sechs aufsteht, und das für Wochen oder Monate hintereinander. Manchmal muß er wirklich früh aufstehen, weil er tagelang unter Druck steht, und manchmal macht er es auch nur aus Gewohnheit. Ich weiß, wenn ich um halb sechs Uhr aufstehen und ihm das Frühstück machen würde, wäre das ein Akt der Liebe. Seine Mutter ist zu den verrücktesten Zeiten aufgestanden, um seinem Vater das Frühstück zu machen. Das tun Frauen einfach, wenn sie ihre Männer lieben.

Ich liebe es, mit Bob zu frühstücken. Ich finde das die beste Art und Weise, einen Tag anzufangen – aber nicht um halb sechs. Nicht, wenn es nicht unbedingt sein muß. Das ist nicht meine Rolle. Für Liza muß ich um halb sieben Uhr aufstehen. Das ist meine Rolle, aber Liza ist mein Kind. Bob ist es nicht.

Bob hat ein sehr starkes Gefühl zur Eltern-Kind-Beziehung in der Ehe. Er sagt:

»In jeder Rolle, die wir spielen, spielen auch unsere psychologischen Bedürfnisse mit. Ich verstehe Fred vollkommen, wenn er Gloria einen Wirbel macht, wenn sie für ihn packt. Es ist ein echtes Problem, der Sohn seiner Frau zu sein, und so scheint Fred es auch zu sehen. Und Steve halte ich aus demselben Grunde für einen Tölpel. Beide lieben die Bequemlichkeit, bemuttert zu werden, aber der Mann in ihnen ist dagegen und reagiert negativ.

Ich kaufe mir meine Sachen zum Anziehen selbst, denn wenn ich es Dorothy überlasse oder sie mitnehme, werde ich zum kleinen Jungen. Ich unterschreibe auch unsere Schecks selbst (wenn ich das Dorothy überlassen würde, fühlte ich mich wie entmannt).

Ich nehme an, das hat viel mit einem Kontrollsyndrom zu tun. Mein Vater hat seine Schecks auch immer selbst ausgeschrieben, deshalb habe ich auch das Gefühl, wenn eine Frau die Schecks ausschreibt (sprich: meine Rechnungen bezahlt), verringert das meine Männlichkeit. Das ist lächerlich, sicher, aber so empfinde ich es eben. Als ich Dorothy die Unterzeichnungsgewalt auf meinem Bankkonto gab, habe ich gedacht, was ›Wunder, was ich jetzt gemacht habe. Aber ich bin kein kompletter Trottel. Als sie einmal fragte: »Das ist doch ein gemeinsames Konto, warum bist zu zeichnungsberechtigt und ich nicht?‹ habe ich gesagt: ›Du hast ganz recht!‹ und habe die Situation korrigiert.«

Die helfenden Rollen – Pilot/Navigator, Eltern/Kind und großer, starker Mann/kleine, zerbrechliche Frau – variieren von Ehe zu Ehe und ändern sich auch von Zeit zu Zeit innerhalb einer Ehe, nur die ursprünglichen Rollen als Mann und Frau ändern sich nie. Sie bleiben fest bestehen und müssen klar umrissen werden, wenn eine Ehe funktionieren soll. Im Idealfall sollten diese Rollen schon vor der Ehe durchdacht und besprochen werden. Wenn zwei Menschen von vornherein wissen, was jeder vom anderen erwarten kann, würden manche Ehen nicht geschlossen und manche nicht geschieden.

Peggy und Pete sind seit zwei Monaten verheiratet, und schon überlegt Peggy ernsthaft, ob sie sich nicht scheiden lassen soll. Sie haben ein Problem, über das sie sich nicht einig werden können. Pete erwartete von Peggy, daß sie seine Wäsche wäscht.

»Beim erstenmal habe ich geglaubt, ich höre nicht recht«, erklärte Peggy. »Er wollte tatsächlich, daß ich seine Wäsche wasche! Ich habe ihm gesagt: ›Pete, ich wasche meine Wäsche, aber deine wasche ich nicht. Du kannst deine Wäsche selber waschen.‹ Wie komme ich auch dazu?«

Bobs Reaktion Pete gegenüber war ganz anders als meine:

»Ich verstehe Pete sehr gut«, sagte Bob. »Schau, seine Mutter hat ihm immer die Wäsche gewaschen. Für ihn ist das ganz einfach eine Übersetzung des Wörtchens Liebe. Nach seiner Meinung tut das eben eine Frau, wenn sie ihn liebt.

Wir alle erwarten ganz bestimmte Dinge von der Ehe, weil sie in unserem Leben einen ganz besonderen Stellenwert einnehmen. Weil sie bedeuten, wenn meine Frau mich liebt, dann tut sie das eben.

Zum Beispiel hat meine Mutter meinen Vater an der Haustür immer mit einem Kuß begrüßt. Für Vater war das so wichtig, daß Mutter angenommen hat, das wäre für jedermann wichtig. Als sie ihren Bruder Henry und seine Frau Lil, die er gerade geheiratet hatte, besuchte, hat sie Lillian jedesmal geradezu zur Türe gedrängt und ihr gesagt: ›Ich weiß doch ganz genau, daß du deinen Mann begrüßen und ihm einen Kuß geben willst.‹

Und ein Rest davon ist immer noch in mir. Ich erwarte nicht, daß Dorothy an der Türe auf mich wartet, wenn ich nach Hause komme, aber wenn ich nur ein gelangweiltes ›Tag‹ zu hören bekomme, weil sie zu sehr mit Salatputzen beschäftigt ist, um mir einen Kuß zu geben, bin ich beleidigt. Weil das für mich bedeutet, daß sie mich nicht genug liebt, um sich die Mühe zu geben.

Und dasselbe ist mit Pete, wenn er von Peggy erwartet, daß sie seine Wäsche wäscht. Er hat das Gefühl, wenn sie ihn wirklich lieben würde, würde sie es tun, auch wenn sie keine Lust dazu hat. Sie jedoch hält ihn für den größten Egoisten und hat ihm klar und deutlich gesagt, daß dies nicht ihre Vorstellung der Rolle einer Frau innerhalb einer Ehe ist. Aber wäre es nicht verrückt, sich deshalb zu trennen?

Vielleicht, wenn Peggy ihn fragen würde, warum er von seiner Frau erwartet, daß sie seine Wäsche wäscht, statt bei dem Gedanken schon Blitze auf ihn zu schießen, könnten sie zu einer Einigung kommen. Denn dann könnte sie ihm erklären, daß sie ihre Liebe nicht dadurch beweisen muß, daß sie seine Wäsche für ihn wäscht, weil sie nicht seine Mutter ist, und ob er nicht lieber eine Frau haben möchte? Und wieder ist es eine Frage des Miteinander-Redens, statt eine Mauer zwischen sich aufzubauen.«

Ich bezweifle, daß meine erste Ehe hätte »gerettet« werden können, auch wenn mein Exmann und ich uns vor der Ehe über Rollen unterhalten hätten. Unser totales Mißverständnis, was jeder vom anderen erwartete, war unser Verderben.

Wir arbeiteten beide in einem Büro. Er hatte finanziell gesehen viel Erfolg. Ich erhielt ein winziges Gehalt als Redaktionsassistentin an einer Zeitschrift.

Wir fuhren beide mit der U-Bahn zur Arbeit und kamen müde und erschöpft nach Hause. Aber ich bin auf dem Heimweg am Markt ausgestiegen, habe fürs Abendessen eingekauft, gekocht, serviert und hinterher abgewaschen. Am Samstag brachte ich die schmutzige Wäsche zum Waschautomaten. Ich machte auch das Frühstück für uns beide, machte die Betten und brachte vor der Arbeit die Kleider in die Reinigung. Wenn ich ihn bat, es wäre doch nett von ihm, wenn er mir beim Geschirrspülen behilflich wäre, meinte er, das käme nicht in Frage.

»Aber wir sind doch beide berufstätig«, versuchte ich ihm zu erklären.

»Findest du es nicht nur gerecht, mir auch bei der Hausarbeit zu helfen?«

»Hör zu«, erwiderte er. »Wenn du arbeiten willst, ist das deine Sache. Du willst arbeiten, schön. Aber du mußt nicht arbeiten. Wir brauchen dein Geld nicht. Und ich habe keine Lust, Geschirr zu spülen, bloß weil du Karriere machen willst.«

Eines Abends, mehrere Wochen nach diesem Gespräch, habe ich alle Teller vom Abendessen im Spülbecken zertrümmert und ein paar Monate darauf meine Sachen und meinen Anteil an den Hochzeitsgeschenken gepackt und bin ausgezogen.

Wir waren eine frühe Version von Peggy und Pete, wir konnten auch keine Lösung zu unserem Problem finden. Das schlimme war nur, daß wir gerade jung verheiratet waren. Nie haben wir über Rollen innerhalb einer Ehe gesprochen. In seinen Augen hatte eine Frau nur eine einzige Rolle zu spielen, in meinen Augen sah das anders aus. Doch selbst mit dieser Kluft zwischen uns hätten wir vielleicht eine Lösung finden können, aber wir wußten nicht, wie wir miteinander reden sollten.

Ich bin nie auf die Idee gekommen, herauszufinden, warum es ihm so wichtig war, daß ich die ganze Hausarbeit alleine mache. Er war kein fauler Mensch, er war eigentlich fast auf jedem Gebiet sensibel. Warum war er auf diesem Gebiet so unbeugsam und gefühllos? War das der einzige Weg für mich, ihm meine Liebe zu beweisen?

Die Antwort darauf weiß ich nicht, weil wir nie darüber gesprochen haben. Wir wußten nicht, wie man das macht und wo wir das lernen könnten. Wir haben nicht einmal gewußt, daß es Hilfe gibt. Angefangen hat alles mit tiefen Gefühlen und wundervollen Vorsätzen. Und aufgehört hat es damit, daß er im Wohnzimmer auf der Couch schlief und ich das Geschirr in der Spüle zertrümmerte.

Sandy und Bill haben die gleichen Probleme:

Bill ist in einem Haus aufgewachsen, in dem die Fürsorge für das Haus bei den Frauen lag. Sandy ist in einem ähnlichen

Zuhause aufgewachsen, aber sie hat gelernt, daß Hausarbeit Arbeit ist – und nicht unbedingt die Arbeit einer Frau. Eines Tages, nach etlichen Monaten »Frauenarbeit«, schlug sie Bill nicht allzu freundlich vor, sie sollten sich die Hausarbeit teilen.

Er war wie vor den Kopf gestoßen. »Hör mal zu, liebes Kind«, sagte er. »Mein Vater hat nie ein Bett gemacht. Meine Brüder machen ihre Betten nicht selbst, und ich mache mein Bett auch nicht selbst, das ist deine Aufgabe.«

»Aber ich arbeite genauso wie du«, protestierte Sandy.

»Na und? Das ist dein Problem«, sagte Bill.

Rollen zu definieren und zu verstehen ist nur ein Teil des Problems, die Zufriedenheit in der Rolle ist ein anderes. Wir haben herausgefunden, daß es eigentlich nicht viel ausmacht, welche Rolle man in der Ehe spielt, wenn sie nur klar definiert ist und man sich darin wohl fühlt.

Nola und Len führen eine hervorragende Ehe. Es ist eine echte Arbeitspartnerschaft, und sie genießen ihre fünf Kinder ebensosehr wie sich selbst. Wenn man sie zusammen sieht, hat man das Gefühl, sie kommen gerade aus dem Bett oder sind auf dem besten Weg hinein. (So klar sind ihre Rollen umrissen.)

Len kommt nur zum Essen in die Küche und setzt nie einen Fuß ins Waschzimmer. Das ist Nolas Territorium. Obwohl Len ein ausgezeichneter Mechaniker ist, würde er nicht einmal die Gebrauchsanleitung anrühren, wenn die Waschmaschine oder die Schleuder kaputtgegangen sind.

»Ich will nicht einmal wissen, wie sie funktionieren«, sagt er. »Das ist Nolas Gebiet. Sie mischt sich nicht in mein Arbeitszimmer, ich mische mich nicht in ihre Küche.«

Wir sind nicht so festgefahren in unseren Rollen wie Nola und Len, aber wir verstehen, was sie machen und warum. Genau wie sie respektieren wir das Territorium des anderen. Die Küche ist mein Reich. Und doch liebt es Bob, Rühreier oder Spaghetti zu machen, und er würde todsicher versuchen, den Eisschrank selbst zu reparieren, ehe wir jemanden kommen lassen, er versucht jedoch nicht, den Haushalt zu führen. Ich muß ihn nicht um Erlaubnis fragen, wenn ich mir Hammer und Nägel aus seiner Bastelstube holen will, aber ich widerstehe der Versuchung, den Raum ein bißchen aufzuräumen, wenn ich das Werkzeug zurückbringe.

Wie erarbeitet sich ein Ehepaar die grundlegenden Rollen zwischen Mann und Frau – was jeder tun soll, die verschiedenen Verantwortungsbereiche? Wie lebt man mit seiner Rolle und aktiviert seine Ehe, statt sie einzuengen?

Bei uns geht Bob morgens zur Arbeit, und ich bleibe zu Hause. Bobs vornehmste Rolle ist es, Geld zu verdienen. Das ist nicht meine wichtigste Rolle. Wenn ich arbeite, wenn ich Geld verdiene, ist das gut und schön, aber es ist nicht meine Verantwortung, nicht meine Rolle in unserer Ehe. Wenn Bob die Kinder ins Bett bringt oder das Geschirr wäscht, ist das auch in Ordnung, aber es ist nicht seine Verantwortung, nicht seine Rolle.

Diese Rollen sind klar umrissen – für uns und für die Kinder. Das bedeutet nicht, daß sie auch für andere richtig sind, aber sie sind richtig für uns, weil wir gut damit fahren.

Ich hatte mich entschlossen, zu Hause zu arbeiten, schon bevor die Kinder kamen, weil es uns beiden das Leben erleichterte. Nicht jeder kann das, ob es nun für ihn wichtig wäre oder nicht. Als wir uns entschlossen, Kinder zu haben, gab es nie eine Frage, wer bei ihnen zu Hause bleiben würde. Natürlich würde ich zu Hause bleiben. Das war das Natürlichste auf der Welt, nachdem ich sowieso schon zu Hause arbeitete, was jedoch noch wichtiger war, ich *wollte* bei ihnen zu Haus bleiben. Ich wollte die Entwicklung unserer Kinder überwachen und bei ihnen sein, um mich an ihrem Wachstum zu erfreuen. Wir sind der Meinung, ein Elternteil im Haus ist wichtig, wenn ein Kind heranwächst.

Warum hätte Bob nicht dieses Elternteil sein können? Er hätte es sein können, aber wir sind nie auf die Idee gekommen, dies als Möglichkeit ins Auge zu fassen. Obwohl ich ein gutes Einkommen hatte, war seines um etliches besser. Aber, was noch wichtiger war, dies war eine Rolle, die mir Spaß machen würde – eine Rolle, die Bob wirklich nicht spielen wollte.

Jeder von uns beiden hat klar umrissene Rollen, und wir akzeptieren sie. Wenn ich meine Rollen nicht akzeptieren würde, würden meine Verstimmungen meine Ehe vergiften und Konflikte heraufbeschwören. Aber auch fest umrissene Rollen garantieren keine glatte Ehe. Sie müssen für beide sinnvoll sein. Arthur und Evelyn bekleiden ganz klare Rollen, aber Evelyn ist nicht sonderlich glücklich damit, und Arthur droht ihr andauernd, sie zu verlassen.

Arthur geht zur Arbeit, verdient das Geld und kontrolliert jeden Penny. Evelyn bleibt zu Hause, hat kleine Kinder und führt Arthur den Haushalt. Hier und da beklagt sie sich, daß er zwar mit vollen Händen Geld für seine Garderobe, seinen Wagen und seine Hobbys ausgibt, sie jedoch jeden Penny abrechnen muß.

Bob und Arthur essen ziemlich regelmäßig zusammen zu Mittag, und Bobs Bericht von einem dieser Essen lautete folgendermaßen:

»Sie macht mir die Hölle heiß, weil ich mir eine Stereoausrüstung gekauft habe«, hat Arthur erzählt. »Ich habe zu ihr gesagt: ›Leck mich am Arsch, ich arbeite schließlich für das Geld. Das sind meine Spielsachen, und die werde ich mir kaufen. Und wenn es dir nicht paßt, kannst du ja gehen!‹ «

»Ich habe meine Pflichten, und sie hat ihre. Meine Pflicht ist es, Geld zu verdienen, ihre ist es, zuzusehen, daß das Abendessen rechtzeitig auf dem Tisch steht. Und ihre gottverdammten Freunde aus dem Haus zu werfen, bevor ich nach Hause komme. Diese blöden Weiber haben nicht einen Funken Verstand im Hirn und setzen Evelyn dauernd Flausen in den Kopf.«

Arthur und Evelyn, Nola und Len – sie haben eine ähnliche Rollenverteilung. Aber Nola und Len haben ihre Rollen mit Liebe aufgebaut und dem Verständnis, was jeder braucht und am besten macht. Arthur hat Evelyn seine Auffassung von ihren Rollen aufoktroyiert und ist wütend, wenn sie es auch nur wagt, seinen Befehlen eine Frage entgegenzusetzen. Jede derartige

Frage ist wieder einmal eine von den Flausen, die diese »saublöden« Weiber ihr in den Kopf gesetzt haben.

Es gibt allerdings keine Garantie, daß, bloß weil sie sich eine Rolle ausgesucht haben und beide sich im klaren über diese Rolle sind, sie auch gut sind in dieser Rolle.

Ich habe die Rolle der Hausfrau gewählt, die zu Hause arbeitet, aber nachdem Mark ins Haus kam, habe ich entdecken müssen, daß, obwohl ich Heimarbeit und Liza gleichzeitig schaffen konnte, ein kleiner Junge mich schaffen würde. Es genügte allerdings nicht, meinen Beruf aufzugeben.

Obwohl ich gelernt hatte, mit schwierigen Aufgaben fertig zu werden, schien es mir unmöglich zu sein, daß irgend jemand mit zwei Kindern, einem Haus, dem Supermarkt, der Wäsche, dem Spielplatz und dem Abendessen, alles an einem einzigen Tag, fertig werden konnte. Mir war es unmöglich. (Das kann niemand, habe ich recht?)

Liza war vier und Mark ein Jahr alt. Bob kam von der Arbeit nach Hause. Warum wartet nicht schon ein geeister Martini auf ihn, schien sein Blick auszudrücken. Warum sind unsere Kinder über und über mit Dreck besudelt? Er seufzte, ging ins Zimmer und drehte die Sechsuhrnachrichten an. Immer der aufmerksame, liebevolle Ehemann, nicht ein Wort der Kritik oder der Klage kam über seine Lippen.

Ich badete die Kinder (wenn ich sie einfangen konnte), schickte sie ins Wohnzimmer hinein, damit sie ihm gute Nacht sagen konnten, und fing an, unser Abendessen herzurichten.

Er mixte die Martinis. Und dann setzten wir uns zum Essen. Bob zündete die Kerzen an, und ich schlief über meiner Suppe ein.

Während des Tages, wenn ich gerade nicht vor mich hingähnte, phantasierte ich. Es gab so viel, was ich Bob gerne sagen wollte. Wie zum Beispiel:

Wenn er abends zur Tür hereinkam, hätte ich die Kinder gerne am Schlafittchen erwischt und sie ihm in die Arme gedrückt. »Hier«, hätte ich allzu gerne gesagt, »ich habe die kleinen Schätzchen den ganzen Tag genossen, jetzt bist du dran!« Und dann hätte ich mich in einem schönen, heißen Schaumbad ausgestreckt und die Abendzeitung gelesen, bis das Essen fertig wäre. Aber diese Art von Phantasien habe ich nicht einmal angedeutet. Wir führen eine anständige Ehe. Wir erörtern unsere Probleme gemeinsam, wir laden sie nicht dem anderen auf die Schulter.

Dann kam der Tag, an dem die Waschmaschine ihren Geist aufgab, Mark vom Bücherregal fiel, auf das er geklettert war, und Liza sich unglücklicherweise im Badezimmer eingesperrt hat.

Bob begrüßte ich an der Türe mit: »Jetzt reicht es mir! Ich kündige! Morgen suchen wir uns ein Dienstmädchen, und ich gehe wieder arbeiten.«

Bob holte tief Atem. »Weißt du was?« sagte er, »ich habe eine großartige Idee. Wie wäre es, wenn wir heute zum Essen ausgehen? Warum versuchst du nicht, einen Babysitter aufzutreiben?«

»Warum versuchst *du* nicht, einen Babysitter aufzutreiben?« erwiderte ich. Bob guckte etwas kariert, rief jedoch einen Babysitter an.

Wir gingen aus und haben uns in aller Ruhe unterhalten, wie wir es gelernt haben, wenn es ein Problem gibt. Wir haben uns ausgesprochen, daß ich eigentlich nicht wirklich zurück ins Büro und die Kinder einem Dienstmädchen überlassen möchte. Und sobald wir uns einig waren, was ich nicht tun wollte, mußten wir uns überlegen, wie ich mit der Rolle, die ich spielen wollte, am besten fertig wurde. Ich versuchte, Bob verständlich zu machen, wo das Problem lag und wie ich innerlich dazu stand.

»Vielleicht werden andere Frauen mit so einem Tag fertig und sind am Ende immer noch guter Laune, ich kann es nicht. Ich breche einfach zusammen.«

Während wir uns so unterhielten, wurde mir bewußt, daß ich mich über mich selbst ärgerte, weil ich mein eigenes Bild als perfekte Hausfrau nicht erfüllte. Das bedeutete:

1. meine Pflichten erfüllt zu haben, wenn mein Mann nach Hause kommt.
a) Die Kinder sind gefüttert und gebadet.
b) Die Wäsche ist gefaltet und verstaut und liegt nicht gestapelt auf unserem Bett herum.
c) Die Nahrungsmittel stehen im Schrank, nicht in Pappkartons auf dem Küchenboden.
d) Das Abendessen ist fertig bis auf die letzten eleganten Feinheiten.
2. Rollenwechsel vom Hausmütterchen zu spritziger, charmanter Dinnergefährtin, jederzeit bereit, den Problemen des Ehemannes ein mitfühlendes und intelligentes Ohr zu leihen oder ihn mit ein paar hintergründigen Geschichten aus der *New York Times* zu amüsieren (die sie natürlich täglich liest).

Aber so schien es nicht zu gehen.

Was waren die Gegebenheiten? Bob brachte ein paar auf den Tisch:

»Erstens steht nirgends in unserem Ehevertrag geschrieben, daß du ein Superfrau sein mußt«, sagte er. »Findest du deine Ansprüche an dich selbst nicht etwas unrealistisch? Du weißt, ich bin auch nicht immer mit meinem Tagespensum fertig, wenn ich nach Hause gehe. Warum mußt du fertig sein?

Und niemand liebt deine Küche mehr als ich, aber ich bin auch mit Pizza oder Hamburger zufrieden, wenn das bedeutet, daß wir wieder anfangen können, unsere gemeinsamen Abende zu genießen. Wenn du willst, kann ich auf dem Heimweg ein Brathuhn und Wein mitbringen. Ich habe nichts dagegen.«

Und dann sagt Bob, mein ungarischer Ehemann, mein Mann, der aus einer Familie stammt, in der der Mann der König ist, zu mir: »Vielleicht würde es dir helfen, wenn ich das Geschirr spüle?« Das Geschirr spülen, wenn er von der Arbeit kommt! Bei seinem Job? Einen Teil meiner Pflichten übernehmen, meine Rolle? Durfte ich das zulassen? Worauf Sie Gift nehmen können!

Das war ein Riesendurchbruch für Bob und für die Gesundheit unserer Ehe. Er erinnert sich:

»Also, verheiratet zu sein und das Geschirr zu spülen – das bedeutete für mich Weiberarbeit. Aber Geschirrspülen und Staubsaugen werden psychologisch enorm überbewertet. Ist man dann weniger ein Mann? Ich liebe Dorothy, ich wollte ihr helfen, und da habe ich mir gesagt: ›Du verlierst keine Perle aus deiner Krone, wenn du einmal das Geschirr spülst.‹

Wann immer wir ein Problem haben, erleben wir jedesmal, daß die Bewältigung nicht nur die Situation rettet, sondern daß uns dann auch ein ganz besonders starkes Band miteinander verbindet, eine Art Stolz, eine Art Extraliebe, weil wir an etwas gearbeitet haben, was uns auf der Seele gelegen hat – und eine Antwort gefunden haben.

Und so funktionierte die Abänderung unserer Rollen. Es machte mir Mut zu wissen, daß Bob auch mit Brathühnchen aus der Hühnerbraterei zufrieden wäre und ich keinen »Coq au vin« machen muß, um meine Liebe zu beweisen. Und bis zum heutigen Tag fühle ich mich großartig, wenn Bob eine fettige Bratpfanne oder einen angebrannten Topf schrubbt, nicht aus physischer Erleichterung, weil er mir eine lästige Arbeit abnimmt, sondern weil ich weiß, es ist eine Geste der Liebe.

Die Fernsehjournalistin Bess Mayerson hat einmal in ihrer Sendung einen Gast, mit dem sie die Rechte der Frau diskutierte, gefragt: »Bedanken Sie sich bei Ihrem Mann, wenn er das Geschirr gespült hat? Bedankt er sich bei Ihnen, wenn Sie die Wäsche zusammenfalten?«

Ich bedanke mich bei Bob, wenn er mir das Geschirr spült. Es ist nicht seine Rolle. Es ist nichts, was ich für selbstverständlich hinnehme. Er macht es, weil er mein Freund ist und mir helfen möchte. Und für gewöhnlich bedankt Bob sich auch, wenn ich seine Wäsche wasche und seine Anzüge bügle. Er nimmt dies auch nicht für selbstverständlich.

Und das ist ein weiterer Schritt, zu lernen, mit der Liebe seines Lebens umzugehen.

7. Romantik

Edna und Sam haben sich während der Sommerferien kennengelernt. Sie haben zwei Wochen im Mondschein getanzt, sind durch Felder voller Butterblumen gestreift, haben im Gras unter einer Trauerweide Gedichte gelesen und haben sich ineinander verliebt.

Als sie zurück in die Stadt kamen, rief Sam Edna jeden Morgen um sieben Uhr morgens an, weil er als erstes ihre Stimme hören wollte, und Edna fand ungewöhnliche Dinge, die sie zusammen machen konnten und die nicht teuer waren – ein Spaziergang an den Häusern der Nebenstraßen der Fifth Avenue entlang, einen japanischen Garten in Brooklyn, einen Drachenfliegerwettbewerb im Central Park ... Das Leben war sehr aufregend und ganz und gar romantisch für die beiden. Und dann haben sie geheiratet und lebten glücklich bis an ihr Lebensende. Oder so ähnlich. Denn die meiste Zeit lebten sie *unglücklich* zusammen. Es war, als hätte jemand am Tag nach ihrer Hochzeitsreise den Stecker aus der Wand gezogen, und alle Romantik, alles Aufregende sickerte langsam aber sicher aus ihrem Leben. Sie liebten einander, sie waren gerne zusammen, sie gingen miteinander ins Bett, hatten Kinder, kauften ein Haus. Aber das Leben war nicht aufregend. Sie waren immer nett miteinander, nur das Versprechen, das ein Teil ihrer vorehelichen Liebe war, wurde nie zur Wirklichkeit. Alles zerrann in einer Routinewelt. Nachdem sie dieses hohe Ziel der großen Liebe erreicht hatten, gingen sie wie gewöhnlich wieder an ihre Arbeit. Sie besaßen die Welt und warfen einen Großteil davon wieder weg.

Das machen die meisten Menschen. Die meisten führen keine schlechte Ehe – aber eine gute auch nicht. Sie haben das Gefühl, wenn die Hochzeitsreise vorbei ist, ist alles vorbei.

Die Wirklichkeit spielt natürlich eine Rolle in der Verminderung oder Veränderung der Romantik innerhalb einer Ehe. Das Geld ist ein weiterer Faktor. Die meisten Ehepaare können nicht mehr soviel Geld ausgeben wie vor der Ehe – und das kann jeder Romantik einen Dämpfer aufsetzen.

Dazu kommt noch die körperliche Realität. Wenn man allein ist, ist es aufregend, bis zwei Uhr nachts auszugehen und um sieben Uhr aufzustehen, weil man arbeiten muß. Man schleppt sich ins Büro und gibt an, was für eine tolle Nacht man erlebt hat. Wenn man verheiratet ist, kann sich der Wecker um sieben Uhr früh verheerend auswirken. Der Abend zuvor kann genauso aufregend gewesen sein, aber das Adrenalin pumpt nicht mehr, wie es früher einmal gepumpt hat.

Auch Kinder sind ein Faktor. Sie sind eine Fessel, und es ist schwierig, romantisch zu sein, wenn sich ein dreijähriger Junge zwischen seine Eltern drängt, die sich in der Küche in den Armen liegen, und sagt: »Du sollst das nicht mit meiner Mami tun.«

Aber es gibt noch eine andere Realität – die Realität der Zärtlichkeit, der Liebe und der Gedanken an den anderen Menschen. Die Romantik in der Ehe sollte nicht von Ihrem Stehvermögen oder Ihrer Brieftasche abhängen. Es kann sehr romantisch sein, gemeinsam ein Zimmer zu tapezieren, einen Teppich zu verlegen oder bis auf die Haut durchnäßt zu werden, wenn man aus dem Auto aussteigt. Aber das sagt einem niemand. Es gibt keine Kurse unter dem Titel: Romantik in der Ehe.

Niemand lehrt uns, daß die Ehe ein Engpaß sein kann. Niemand lehrt uns, wie man zusammenlebt. Es wird von uns erwartet, daß wir alles instinktiv wissen. Wenn Sie Glück haben und Ihre Eltern haben eine liebevolle, warme, sensitive Ehe geführt, haben Sie ein gutes Vorbild, an das Sie sich halten können. Aber höchstwahrscheinlich haben Ihre Eltern ihre Gefühl nicht gezeigt oder die Romantik in ihrer Ehe nicht fortgeführt. Auch wenn sie sich sehr geliebt haben sollten und im Schlafzimmer ein erstaunlich zärtliches Privatleben geführt haben, wird die Ehe meist nur als Routine, als eine monotone Angelegenheit angesehen.

Bob ist eine der glücklichen Ausnahmen. Seine Eltern waren rettungslose Romantiker. Selbst drei Söhne vermochten nicht, ihre innere Heiterkeit zu dämpfen, obwohl Bobs Mutter Rebe heute noch sagt: »Meine glücklichsten Jahre waren, bevor die Kinder kamen.«

Bobs Vater war ein altmodischer Hausarzt. In ihrem ersten Ehejahr hat Rebe ihn überallhin begleitet.

»Wenn er spät nachts einen Anruf bekam, hat er zu mir gesagt: ›Komm, Kindchen, komm mit mir.‹ Und dann bin ich mit ihm zum Haus seines Patienten gefahren und habe im Auto auf ihn gewartet. Manchmal auch stundenlang, wenn es sich um eine Geburt gehandelt hat. Und wenn Lou endlich fertig war, sind wir ins Royal gegangen und haben Kaffee getrunken.«

Als die Kinder kamen, ist Lou alleine auf Hausbesuch gegangen, und Rebe ist zu Hause geblieben. Die Wirklichkeit hatte Einzug gehalten in ihrer Ehe, aber sie ließen sich die Romantik nicht von ihr verdrängen. Sie sind am Wochenende alleine weggefahren und haben sich gegenseitig Gedichte vorgelesen. Und wenn Lou um sechs Uhr morgens oder sechs Uhr abends nach Hause gekommen ist, stand Rebe an der Türe und begrüßte ihn mit einem Kuß.

Geburts- und Jahrestage waren Staatsaffären. Die Familie versammelte sich am Frühstückstisch und las sich gegenseitig ihre jeweiligen Platzkarten vor. Lou, der unter anderem ein Shakespeare-Kenner war, hat ein paar romantische Schmuckstücke geschrieben, die Rebe alle sorgfältig aufgehoben hat.

Wie Sie ganz richtig annehmen, ist Bob äußerst romantisch veranlagt. Er liebt es, Geburtstage und Jahrestage zu feiern. Er weint bei Hochzeiten, Walt-Disney-Filmen und manchmal sogar bei den Neunuhrnachrichten. Wann immer er auf Reisen geht, bringt er den Kindern etwas mit.

Bob hat auf die natürlichste Art und Weise Romantik in unsere Ehe gebracht. Ich mußte erst lernen, diese zu entwickeln, zu hegen und zu pflegen.

Es war der erste Jahrestag, an dem wir uns begegnet sind – Montag vor dem Erntedankfest. Bob dachte daran. Ich nicht. Auf dem Heimweg kaufte er mir ein extravagantes Blumenbouquet. Als er es mir überreichte, war ich ganz überrascht.

»Okay«, witzelte ich, »sag mir die Wahrheit. Du hast wieder eine Kamera gekauft.«

»Nein«, antwortete er. »Ich habe einen Mann an der Straßenecke gesehen, der hat diese armseligen Blumen aus dem Laden geworfen. Also habe ich ihm fünfundzwanzig Cents für den ganzen Ramsch gegeben.«

Das hätte er sagen können. Das hätte er vielleicht gerne gesagt. Zum Glück war er, obwohl es ihn verletzte, daß mir der Tag, der ihm so wichtig war, entfallen ist, liebevoll und klug genug, den Abend nicht zu verderben. Als er mich an das Datum erinnerte, schämte ich mich, es vergessen zu haben, und war gerührt, daß er daran gedacht hatte. Es war entzückend von ihm, und er ließ es nicht zu, daß ich ihn dazu brachte, sich seines romantischen Impulses zu schämen. Das hätte ein Ziegel für eine Mauer werden können. Statt dessen festigte es nur das Fundament unserer Liebe.

Viele Männer halten es für unmännlich, lieb und nett zu ihren Frauen zu sein. Dies ist in Ordnung, solange man noch miteinander flirtet; aber wenn man seiner eigenen Frau Blumen mitbringt, könnte das – in den Augen der Freunde, vielleicht sogar in denen der Frau – lächerlich erscheinen.

Beim Flirt wird Romantik akzeptiert. Die Fernsehwerbung für eine »romantische« Buchreihe sagt folgendes: »Erleben Sie den wundervollen Augenblick wieder, als Sie sich verliebt haben. Zwölf neue Romanzen, jeden Monat eine.« Filme, Fernsehen, Comic Strips – unsere gesamte Kultur preist die Romantik eines Flirts und, mit derselben Vehemenz, den Mangel an Romantik in der Ehe. Lucy legt Desi herein. Archie enttäuscht Edith. Sie haben sich verliebt und leben unglücklich bis an ihr Lebensende ...

In unserer Ehe gibt es Romantik, weil wir darauf bestehen. Bob weiß, daß ich ihn liebe, und ich weiß, daß er mich liebt. Wir sagen es uns auch und bewahren unseren Schatz auf das sorgfältigste. Wir arbeiten hart daran, daß sich nichts zwischen die wunderbaren Gefühle, die wir füreinander hegen, drängt. Wir beginnen den Tag mit einer Umarmung und einem Kuß, und wenn es etwas Hübsches zu sagen gibt, sagen wir es auch.

Bob geniert sich nicht, mir zu sagen: »Du siehst hübsch aus.« Ich weiß, ich bin nicht die schönste Frau auf der Welt – und Bob hat nie gesagt, daß ich das bin –, aber ich bin hübsch. Und ich weiß, daß er mich liebt, nicht weil er so tut als ob, sondern weil er es mir sagt. (»Habe ich dir heute schon gesagt, daß ich dich liebe?«)

Wenn man flirtet, ist es ganz natürlich, sich hübsche Dinge zu sagen, doch in der Ehe ist es manchmal peinlich. Marty und Judy bestehen darauf, sich nie ein Kompliment zu geben.

»Marty ist ein miserabler Vater«, pflegt sie zu sagen. »Er verwöhnt die Kinder. Sie wickeln ihn um den Finger.«

»O Gott, sie ist so dumm, sie lernt nicht einmal, wie man einen Staubsauger richtig bedient«, kontert er.

Aber eines schönen Sommerabends, als wir allein mit Marty zu Abend saßen, weil Judy mit den Kindern auf dem Land war, waren wir ganz erstaunt, als er anfing zu schwärmen, wie großartig sie sei – als Frau, als Mutter und als Freund.

»Hast du das je einmal zu Judy gesagt?« fragte ihn Bob. »Sagst du ihr manchmal, wie sehr du sie liebst?«

Marty schaute uns unbehaglich an. »Diesen Unsinn muß ich ihr doch nicht erzählen, sie weiß, daß ich sie liebe.«

Es gibt Menschen, die genieren sich, ja, es ist ihnen unmöglich, sich gegenseitig etwas Nettes zu sagen, weil sie es nie gelernt haben. Ich habe es früher schwierig gefunden, Bob wegen irgend etwas, was er getan hat, zu bewundern oder mich einfach ihm zuzuwenden, wenn das Gefühl da war, und zu sagen: »Ich liebe dich. Du bist ein netter Mann.« Und das ist doch das Lebenselixier für eine Ehe.

Abgesehen davon, daß wir uns hübsche Dinge sagen, nähren wir unsere Romantik, indem wir Zeit für uns alleine schaffen. An meinem Geburtstag oder an Bobs Geburtstag oder an unserem Hochzeitstag nehmen wir Urlaub von der Arbeit und flüchten aus der Welt der Realität. Die Zeit und das Geld, das wir an besonderen Tagen dafür ausgeben, um alleine zu sein – oder manchmal auch zwischendurch, einfach weil wir allein sein wollen –, ist ein Teil unserer Investition in unsere Ehe. Dieses »Überlebensgeld« ist in unserem Budget mit eingeplant – zusammen mit dem Zahnarzt, dem Benzin und den Versicherungen. Das Geld, das wir ausgeben, ist das Salz, das unsere Ehe gesund und am Wachsen erhält.

Romantik ist ein kreativer Prozeß, und jeder Mensch hat eine andere Methode, sie zu schaffen.

Paul und Marcia strampeln sich mit dem Abzahlen einer Hypothek ab. »Marcia geht vor mir zur Arbeit«, sagt Paul. »Manchmal, wenn ich das Medizinschränkchen aufmache, finde ich hinter dem Rasierapparat einen Zettel, auf dem steht: ›Guten Morgen, ich liebe dich. Dein Freund Marcia.‹«

George und Ruth sind reich und romantisch. Letzten Winter haben wir Ruths vierzigsten Geburtstag gefeiert. George ist mit vier großen Schachteln auf der Party erschienen, in jeder lag ein anderer Pelzmantel.

»Such dir den aus, der dir am besten gefällt«, sagte er zu seiner Frau.

Ruth zu beobachten, wie sie einen eleganten Pelzmantel nach dem anderen anprobierte, war, als ob man in einem Cary-Grant-Film säße.

Bob wurde im Büro festgehalten. Er hatte Freitag bis spät abends gearbeitet, und es sah so aus, als ob er auch den ganzen Samstag durcharbeiten müßte. Während ich Trübsal vor mich hinblies und Mitleid mit uns beiden hatte, hatte ich plötzlich eine Idee. Ich machte eine paar Sandwiches, packte eine Flasche Wein und ein rotkariertes Tischtuch ein, klopfte mittags an seine Bürotüre, und wir feierten ein Picknick.

Es war unser erster Hochzeitstag. Bob überreichte mir ein

Geschenk, das wie eine Schallplatte aussah. Es war eine Schallplatte.

Ich liebe Schallplatten, und ich bin auch nicht unbescheiden, was Geschenke anbelangt, aber mir schien, er hätte sich etwas Phantasievolleres, Romantischeres einfallen lassen können, um unser erstes gemeinsames Jahr zu feiern.

Ich schaute auf die Hülle und las: »Große Stimmen des Jahrhunderts.« Aber in der Mitte prangte eine Aufnahme von Bob. Ich legte die Platte auf. Es war Bob. Er hatte für eine Stunde ein Tonstudio gemietet und sich selbst aufgenommen. Er spielte Gitarre und sang meine Lieblingslieder.

Unser Leben ist romantisch, weil wir es uns romantisch machen. Es genügt uns nicht, uns nur zu lieben. Wir nehmen uns Zeit und Mühe, etwas Besonderes daraus zu machen. Nichts macht zuviel Mühe, weil die Liebe, die daraus erblüht, unser Leben glücklicher macht. Die Romantik ist ein fester Bestandteil unseres täglichen Lebens. Sie erleuchtet unser gemeinsames Leben, und wir setzen alles daran, damit das Feuer nie ausgeht.

8. Von Morgenmuffeln und anderen Eigenheiten

Als die ersten Sonnenstrahlen die Geranien trafen, die auf dem Balkon vor unserem Zimmer im *Prince de Galle* Wache standen, färbten sie sich von Kastanienbraun bis Scharlachrot. Bob sprang aus dem Bett, öffnete die französischen Türen, die auf den winzigen Balkon führten, und verliebte sich wieder einmal leidenschaftlich in Paris.

Der Zufall hatte ihn im Zweiten Weltkrieg, als der Krieg schon so gut wie zu Ende war, nach Paris verschlagen. Er war neunzehn Jahre alt und hatte das Gefühl, im Himmel zu sein. Und jetzt war er für ein paar Tage mit der Frau, die er liebt, zurückgekehrt, um das Wunder mit ihr zu teilen.

Er trat zurück in die goldene Satin-Eleganz unseres Schlafzimmers und lächelte zärtlich auf sein schlafend Weib herab, begab sich in das Marmorbadezimmer und stellte sich unter die Dusche. Eine halbe Stunde später war er angezogen, seine Kamera mit einem Film geladen, doch sein Weib schlief immer noch und schnarchte leise vor sich hin.

Er setzte sich in den Louis-XIV.-Armsessel und wartete. Er blätterte durch den Michelin. Und wartete. Er stand auf, trat auf den Balkon und blickte hinunter auf die inzwischen belebte Straße. Und wartete. Endlich bewegte sich Dorothy.

»Willkommen in Paris«, sagte er und gab ihr einen Kuß. »Möchtest du Croissants oder Toast zum Frühstück?«

»Wie spät ist es?« murmelte sie.

»Fast acht Uhr.«

»Tut mir leid, Liebes. Ich bin noch zu müde, um aufzustehen. Macht es dir etwas aus, wenn ich noch ein bißchen schlafe?« fragte Dorothy und schloß die Augen.

»Natürlich nicht«, antwortete Bob leise. Er nahm sich ein Buch und fing an zu lesen.

Dorothy schlug die Augen auf und blickte auf das Sonnenlicht, das sich an der Decke widerspiegelte. Langsam setzte sie sich im Bett auf. Bob stand auf dem Balkon und blickte über die Stadt. Sie zog sich den Schlafmantel an und trat zu ihm hinaus.

»Guten Morgen, mein Liebling«, sagte sie zärtlich. »Es ist umwerfend, findest du nicht?«

»Oh, du bist schon auf?« sagte er. »Möchtest du Frühstück?«

»Natürlich, ich bin am Verhungern. Würdest du Croissants und Schokolade bestellen, während ich ein Bad nehme?«

Als sie sich in der dampfenden Badewanne räkelte, konnte sie ihr Glück kaum fassen. Sie war wieder in Paris, doch diesmal nicht als einsame junge Frau, auf der Suche nach dem, was nach einer katastrophalen Ehe von ihr noch übriggeblieben war, sondern als ganzer Mensch, mit dem Mann, den sie liebte. Es würden phantastische Ferien werden. Sie konnten ausschlafen, gemütlich frühstücken und hinausspazieren in diese wunderschöne Stadt. Es würde Spaß machen, gewisse Plätze gemeinsam aufzusuchen, vielleicht würden sie am Nachmittag zurück ins Hotel kommen und zusammen ins Bett gehen, im Dämmerlicht in ihren Armen liegend einschlafen und dann in ein intimes Bistro zum Abendessen gehen. Es war genau der Traum, den sie sich nie gestattet hatte.

Während ich diese Worte niederschreibe, erlebe ich wieder die schmerzvollste Periode unseres gemeinsamen Lebens. Wie haben wir uns das nur antun können? frage ich mich heute.

Wir waren etwas über ein Jahr verheiratet gewesen, und nach unserer Hochzeitsreise war das unsere erste gemeinsame Reise. Sie provozierte unser erstes größeres Problem, weil wir mit unseren unterschiedlichen körperlichen Bedürfnissen nicht fertig wurden. Unsere Unkenntnis dieser grundsätzlichen Tatsache eines Ehelebens hätte fast zur Katastrophe geführt.

Bobs Idee vom Urlaub ist, ununterbrochen auf Achse zu sein. Aufstehen im Morgengrauen. Hinaus in die Welt mit der Kamera im Anschlag. Pack so viel in einen Tag, als du nur irgend kannst. Stärke dich mit einem Bier hier und einem Imbiß dort, aber bleibe immer schön in Bewegung. Das bedeutet Reisen, Erlebnisse, die nichts mit deinem täglichen Leben zu tun haben. Alles zu sehen, was es nur zu sehen gibt, nicht nur hier ein bißchen und dort ein bißchen. Fünf Länder in zehn Tagen? Das genügt nicht! Warum nicht zehn Länder in zehn Tagen? Wie kannst du Belgien links liegen lassen oder in Luxemburg nur den Flugplatz sehen wollen?

Meine Idee von Ferien ist es, ein paar besonders schöne Dinge herauszupicken und nicht zu vergessen, daß man Urlaub hat. Wie kann man den Urlaub genießen, wenn man unentwegt auf den Beinen ist? Wenn man ein Museum und eine Kirche am Tag sieht, kann man dies genießen und sich später vielleicht auch noch daran erinnern, was man gesehen hat. Wenn man aber vier Museen, zwei Kirchen und einen Friedhof an einem Tag anschaut, verschwimmt alles zu einem chaotischen Mischmasch. Heute ist Mittwoch, elf Uhr, wir müssen also im Louvre sein!

Im Laufe der Jahre hat sich unser Urlaubsgeschmack dem Partner etwas mehr angeglichen. Bob hat in mir das Fieber, neue Entdeckungen zu machen erweckt, und ich habe ihm die Wonnen des Sonnenanbetens am Strand – inmitten all dieser Entdekkungen – beigebracht.

Doch damals, in Paris, hatten wir es schwer miteinander. Bob war frustriert. Bob war wütend. Paris entschlüpfte ihm in lethargischen Vormittagen und gereizten Nachmittagen.

Ich versuchte, mit Bob Schritt zu halten, doch mein von Natur aus schon langsamer Rhythmus wurde noch dadurch erschwert, daß ich während der letzten zwei Monate vor der Reise wie eine Verrückte im Reisebüro gearbeitet hatte. Ich war zu Tode erschöpft. Mein Verstand wollte nach Paris, aber mein Körper sehnte sich nach Fire Island.

Wieviel Mühe wir uns auch gaben, ich kam einfach nicht mit seinem Zeitplan mit. Bob hatte das Gefühl, er ziehe einen Mehlsack hinter sich her, wo immer er hinging. Das hat er auch getan.

Ich hatte das Gefühl, Bob in unserem vergoldeten Hotelzimmer gefangen zu halten. Das habe ich auch getan.

Der Traumurlaub wurde zu einer schrecklichen Plage. Wir hatten beide ganz konträre Ansichten, wie ein Urlaub aussehen soll, in unsere Ehe gebracht, und da wir nie auf die Idee gekommen waren, darüber zu reden, wußten wir nicht, daß unsere Auffassungen in Konflikt zueinander standen. Nur unsere Freundschaft hielt uns damals zusammen, und weil wir Freunde waren, versuchten wir, den Bedürfnissen und Wünschen des anderen Rechnung zu tragen. Nicht daß die Probleme damit gelöst waren – der Urlaub wurde einfach kein Erfolg –, aber die Tatsache, daß jeder von uns wußte, daß der andere es ehrlich versuchte, linderte einen Teil der Spannungen und reduzierte die Mauer, an der wir bauten.

Nach unserer Rückkehr redeten wir ausführlich über Reisen und Urlaub und waren besser darauf vorbereitet, uns den Konflikten widersprüchlicher körperlicher Bedürfnisse zu stellen. Unsere nächste Reise führte uns in die Schweiz.

Bob stand jeden Morgen mit den Hühnern auf, Kamera unter dem Arm. Ich schlief mich ohne Schuldgefühle aus. Wir trafen uns zum Mittagessen, lachend und fröhlich. Ich war nicht müde. Bob war nicht frustriert. Wir kamen uns entgegen.

Einmal bin ich um fünf Uhr aufgestanden, um mit der Spielzeugeisenbahn auf die *Jungfrau* zu fahren. (Es war der Mühe wert!) Einmal hat Bob bis neun Uhr himmlisch geschlafen, und wir haben zusammen draußen auf unserem Balkon mit dem Blick über schneebedeckte Gipfel Croissants und Schokolade zum Frühstück zu uns genommen und sind wieder ins Bett gegangen.

Es war ein Superurlaub. Wir waren zusammen, und wir haben beide genau das getan, was wir wollten. Wir waren uns nahe.

Wir hatten eine einfache, aber lebensnotwendige Weisheit gelernt. Alle Menschen sind verschieden. Ich bin nicht Bob, er ist nicht ich. Ich habe mich nicht selbst geheiratet. Für uns sind wir einmalig. Unsere Körper sind verschieden, unsere Bedürfnisse sind verschieden. Wir mögen verschiedene Dinge, haben verschiedene Lebenseinstellungen. All das ist gestattet.

Wir gehen eine Ehe ein mit zwanzig oder dreißig Jahren individueller Erfahrungen, Traditionen und Angewohnheiten hinter uns. Wir kommen nie auf die Idee, daß das Leben mit einem anderen Menschen von uns verlangen könnte, daß wir uns oder unseren Lebensstil ändern müßten. Und doch kann es passieren, daß nur diese Veränderung, diese Anstrengung zweier Menschen, sich dem anderen auch in seinen simplen körperlichen Bedürfnissen anzupassen, eine Ehe retten kann.

Manche mögen's heiß . . .

Erstens gibt es erhebliche körperlich bedingte Unterschiede zwischen zwei Menschen.

Elizabeth erstickt, weil Ben das Fenster in ihrem Schlafzimmer nicht aufmacht, die Wohnung ist so heiß, daß sie nachts kaum atmen kann.

Agnes friert, weil Vinzenz dauernd den Thermostat herunterdreht. Er schwitzt im kurzärmeligen Hemd. Sie zittert im Pullover.

Frank brüllt Debbie an, weil sie einen leichten Ball auf dem Tennisplatz verfehlt. »Warum bewegst du dich nicht? Du hast nicht einmal versucht, den Ball zu erwischen!« Sie hat es doch versucht. Sie kann nur nicht so schnell laufen wie er, und ihr Koordinationsgefühl ist auch nicht so ausgeprägt.

Körperlich bedingte Unterschiede bleiben. Doch während wir uns mit dieser Tatsache abfinden müssen, können wir unsere Einstellung zu diesen körperlich bedingten Unterschieden ändern.

Bob und ich haben ganz unterschiedliche Kraftreserven zur Verfügung. Wenn wir auf eine Party gehen, bin ich um Mitternacht zu Tode erschöpft. Bob wird immer aufgekratzter, je später es wird.

»Liebling«, sage ich leise, »glaubst du nicht, wir sollten bald nach Hause gehen?«

»Doch«, sagt er und mixt sich noch einen Bourbon oder Gin.

Es war Mitternacht auf einer Party auf Fire Island, und ich schlief schon fast ein. Ich habe Bob vorgeschlagen zu gehen und wurde wütend, als er ja sagte und sich gleichzeitig einen neuen Drink mixte. In dem Augenblick sagte meine Freundin Jane zu mir: »Ich bin hundemüde, ich muß nach Hause und ins Bett.«

Mit diesen Worten marschierte sie quer durch den Raum und gab ihrem Mann einen Kuß auf die Wange: »Dave, ich gehe nach Hause«, sagte sie. »Ich bin todmüde, ich kann nicht mehr. Ich sehe dich morgen früh, mein Schatz.«

»Gut, Jane«, antwortete er. »Schlaf gut.«

Das war lieb, freundlich und so vernünftig. Ich konnte meinen Ohren kaum glauben. Es war eine so offensichtliche Antwort auf ein so weit verbreitetes Problem, sofort eignete ich sie mir an.

Es ist ein großartiges Gefühl, keine nörgelnde Ehefrau mehr zu sein. Wenn ich heutzutage müde bin, gehe ich nach Hause, wenn ich kann. Wenn ich das nicht kann, finde ich eine stille Ecke und mache ein Nickerchen, bis Bob bereit ist zu gehen. In der Zwischenzeit macht Bob, was ihm Spaß macht, er unterhält sich, diskutiert, trinkt und lacht. Und wenn wir gehen, bin ich weder müde noch ärgerlich, er fühlt sich nicht schuldig und unter Druck gesetzt, und wir haben einen angenehmen Abend miteinander verbracht – jeder von uns auf seine Art und Weise. Dieses Spiel heißt: *Jeder gewinnt.*

Physische Tatsachen machen nur einen Teil der Unterschiede zwischen den Ehepartnern aus. Wir alle bringen verschiedene Lebensstile und Eigenarten mit. Wir alle haben verschiedene Neigungen und Abneigungen und unsere eigene Art und Weise, die Dinge zu tun.

Ich tue es auf meine Weise . . .

Fred ist sparsam. Wenn er Tee macht, benutzt er nur einen Teebeutel für sich und Gloria, taucht ihn erst in die eine Tasse mit kochendem Wasser, dann in die andere, immer schön abwechselnd. Als er zum erstenmal sah, daß Gloria zwei Tassen deckte und in jede Tasse einen Teebeutel legte, hätte er fast einen Herzanfall erlitten. Gloria, die sowieso nicht allzu gerne Tee trinkt, ist der Meinung, sie hätte schon genug zu streiten, ohne einen Teebeutel zwischen sich und ihren Mann kommen zu lassen. Also machen sie es so, wie er will.

Judy ist eine begeisterte Teebeutelhorterin. Sie hängt den Teebeutel präzise eine Minute in den Tee und bringt ihn anschließend in Sicherheit. Marty trinkt seinen Tee gerne stark. Er läßt den Beutel fünfzehn Minuten in der Tasse und wirft ihn weg.

»Schau einmal in die Küche«, sagte Marty zu uns. »Da liegen sechsunddreißig verhutzelte Teebeutel auf dem Regal über der Spüle. Sie hat sogar einen besonderen Behälter dafür, damit sie nicht alles volltropfen.«

Wir schauten nach. Es waren allerdings nicht sechsunddreißig, wir haben elf gezählt – verhutzelt und durchweicht, genau wie Marty gesagt hat. Glücklicherweise bauen die beiden auch keine Mauern über Teebeutel.

Haben Sie je darüber nachgedacht, wie viele Ehescheidungen durch Zahnbürsten und Zahnpastatuben ausgelöst werden?

»Acht Zahnbürsten stehen in dem Glas im Badezimmer«, sagt Ralph. »Eine davon, eine schwarze, gehört mir. Die anderen gehören Emily. Und welche, glaubt ihr, benützt sie?«

Was Zahnpasta anbelangt, wie kommt es eigentlich, daß jemand, der die Zahnpasta sorgfältig vom Ende der Tube herausdrückt, mit unabwendbarer Sicherheit jemanden heiratet, der einfach in der Mitte auf die Tube drückt – oder was noch schlimmer ist, gar vorne?

»Das Glück beruht auf zwei Zahnpastatuben«, meint Jane.

Bob ist ganz ihrer Meinung. Er ist früher immer fuchsteufelswild geworden, wenn ich nicht den letzten Tropfen aus der Tube herausgequetscht habe. Zuerst habe ich darüber gelacht, aber als ich gesehen habe, wie er die alte Tube aus dem Papierkorb gefischt hat, habe ich aufgehört zu lachen. Also haben wir darüber nachgedacht.

Ich quetsche jetzt soviel Zahnpasta aus der Tube, wie ich nur kann, dann mache ich eine neue auf. Aber ich lasse die alte für Bob liegen, damit er sie noch so lange ausquetschen kann, bis er befriedigt ist.

Konflikte wegen Teebeutel oder Zahnpasta stehen in Relation zu etwas, was wir das Kichererbsen-Syndrom nennen.

Wie Sie sich vorstellen können, ist Bob manchmal etwas extravagant, doch nicht, wenn es sich um etwas wirklich Wichtiges handelt. Wie Kichererbsen zum Beispiel.

Eines Tages bereitete ich Kichererbsen für Cocktails vor, und Bob fragte etwas zögernd: »Sind diese Kichererbsen aus der Dose?«

»Natürlich.«

»Hast du zufällig eine Ahnung, was sie kosten?«

»Keine Ahnung – fünfzig, sechzig Cents.«

»Hm ... ich möchte wissen, was es kosten würde, wenn du sie in der Packung kaufst und selber kochst.«

»Das weiß ich wirklich nicht – die Hälfte wahrscheinlich oder weniger als die Hälfte. Ich habe nie darauf geachtet.«

»Es wäre nicht uninteressant zu wissen, was der Unterschied ist.«

Machte er Witze? Kichererbsen selber kochen, um fünfundzwanzig Cent zu sparen? Einmal im Monat vielleicht? Genau! Das war präzise das, was er meinte.

Was ich nicht verstand, war, daß für Bob eine Dose Kichererbsen zu kaufen eine ungeheure Extravaganz bedeutete. Da, wo er herkam, kaufte man sich, wenn man Kichererbsen haben wollte, ein Paket, weichte sie über Nacht ein und kochte sie. So wurde es immer gemacht, wenn man kein Faulpelz war oder eine Verschwenderin.

Wir haben darüber diskutiert. Ich gab zu, daß Verschwendungssucht eine schlimme Untugend ist, aber fünfundzwanzig Cents im Monat ...! Natürlich, wenn wir acht Kinder hätten und uns von Kichererbsen ernähren müßten ...

Bob war schon immer ein vernünftiger Mensch und gab mir recht. Seitdem ißt er glücklich und zufrieden seine Kichererbsen aus der Dose und schluckt nicht mehr jede einzelne wie einen Klumpen Empörung hinunter. Und schon wieder: *Jeder gewinnt.*

Konflikte wegen Teebeuteln und Kichererbsen klingen lächerlich, doch sie sind es nicht. Der »lächerliche Quatsch«, wie Bob sich auszudrücken pflegt, ist genau das Material, aus dem man Ziegel für die Mauer backt. Aber wenn wir uns im Sinne der Freundschaft entgegenkommen, können wir widersprüchlichen Angewohnheiten den Stachel ziehen. Wir können unsere Gewohnheiten ändern, einen anderen Gang einlegen, den Ärger mit vernünftigen Erklärungen verjagen und uns, was das wichtigste ist, einen Sinn für Perspektive erhalten.

Bob hat sich seine eigene Art und Weise zugelegt, wie er mit gewissen Dingen, die ich tue, die ihn aber die Wände hochtreiben, fertig wird.

»Ich nehme an, wir haben alle Ameisen in der Hose«, sagt er. »Setz den anderen unter Druck, und er wird wahnsinnig. Ich werde verrückt, wenn man mich warten läßt. Aber ich weiß, wenn wir ausgehen, dauert es von dem Moment an, in dem Dorothy sagt ›Ich bin soweit‹, noch mindestens fünf bis zehn Minuten, bis sie wirklich soweit ist.

Ich werde damit fertig, weil ich weiß, daß es passiert, und meine Perspektive behalte. In der Welt, die wir zusammen haben, bedeutet das nur eine winzige Ecke in einer riesigen Zeltplane. Ich sage mir, okay, so ist Dorothy nun mal. Ob es nun richtig ist oder falsch, wozu soll ich mich aufregen? Ist das wirklich so wichtig? Soll ich wegen irgend etwas, was sie offensichtlich nicht ändern kann, anfangen, eine Mauer zu bauen?

Also beschäftige ich mich – spiele Gitarre, hole mir ein Buch, sehe fern – ich sitze nicht einfach herum und werde wegen einer Lappalie ärgerlich.«

Anstatt die Perspektive zu verlieren und unseren Differenzen zu gestatten, Konflikte auszulösen, finden wir, daß gerade diese charakterlichen Unterschiede eine Menge Vorteile in sich bergen. Ein Telefongespräch, das zu führen ich mich fürchte, erzeugt keinerlei Angstgefühle in Bob. Ich liebe das Detail, Bob nicht. Wenn wir also zusammen ein Zimmer streichen, male ich glücklich und zufrieden an den kleinsten Fensterchen herum, während Bob die Farbe in großen Zügen mit einem Roller aufträgt – und mit einem Genuß, den ich hinreißend finde, obwohl ich mir nicht vorstellen kann, wie auch nur irgend jemand *das* genießen kann. Wir benützen unsere Stärken und Schwächen, um unser Leben angenehmer zu gestalten.

Unsere Unterschiede zu begreifen, gestattet uns auch, gewisse Dinge selbständig und ohne negative Reaktion zu tun. Zum Beispiel: Bob liebt es zu photographieren. Ich weiß, mit welcher Freude er schöne Photos macht und wie wichtig das für ihn ist. Wenn wir also auf Urlaub in St. Thomas sind und er alleine loszieht, um Orchideen zu photographieren, nachdem er mir vorgeschlagen hat, in Magen's Bay schwimmen zu gehen, fühle ich mich nicht verlassen oder verletzt. Ich freue mich, daß er etwas macht, was ihm soviel Freude bereitet, und daß ich nicht herumhängen und ihm zuschauen muß, während er sich entscheidet, welche Linse er benutzen soll und welche Verschlußzeit das beste Licht auf jede Blüte setzt. Ich kann in der Sonne liegen, ein Buch lesen und im warmen blauen Wasser schwimmen. Dieses Spiel heißt *Jeder gewinnt.*

Jeder gewinnt ist ein praktischer Teil unserer Ehe. Wir wissen, daß wir verschieden sind, also versuchen wir, Mittel und Wege zu finden, uns mit einem Minimum an Reibereien ein Maximum an Befriedigung zu schaffen. Wir versuchen, keine Kompromisse zu schließen. Ein Kompromiß ist keine Gewinnsituation. Wie Professor Higgins sagt: »Schließlich macht man etwas, was keiner mag.«

Wenn ich die Wände weiß streichen will und Bob schwarz, einigen wir uns nicht auf die Kompromißlösung grau. Obwohl wir beide damit leben könnten, mag keiner von uns die Farbe wirklich. Wir könnten uns statt dessen viel eher dafür entscheiden, die Wände in schwarzweißen Streifen zu streichen, was uns beide stimulieren würde.

Bei dem Beispiel *Jeder gewinnt* gibt es gewisse Grundregeln:

1. Wir versuchen nicht, physisch bedingte Unterschiede und tiefverwurzelte Gewohnheiten zu verändern. Wir wissen, das bringt nichts. Wie Bob so malerisch sagt: »Das wäre, als wenn man an einem Seil hochpinkeln wollte.«
2. Wir versuchen nicht, bloß aus Jux und Tollerei, uns gegenseitig zu ändern. *Meine* Art und Weise ist nicht unbedingt die bessere.
3. Wir erkennen an, daß wir aus unzähligen Stücken aus unserer Vergangenheit zusammengesetzt und möglicherweise nicht in der Lage sind, unser Grundmuster zu verändern. Wenn man das versteht, kann man mit Mitgefühl reagieren statt mit Ärger.
4. Wir drücken nicht absichtlich auf den roten Alarmknopf. Wir wissen, das ruft Ärger und sonst alles mögliche hervor. Wir versuchen Problemen aus dem Wege zu gehen. Wir sind Freunde. Und Freunde reizen sich nicht gegenseitig.
5. Wir versuchen jede Änderung zu erzielen, die lebensnotwendig für unsere Ehe ist, indem wir uns als Freunde benehmen. Wir benutzen freundschaftliche Überredungskunst statt Ultimaten.
6. Wir fragen uns selbst, wo liegen die Prioritäten? Wie können wir es bewerkstelligen, daß *jeder gewinnt*? Und ist es wirklich so wichtig?

Ist es wirklich so wichtig, wenn Bob seine Suppe schlürft oder mit der Faust auf den Tisch haut und brüllt: »Weib, wo ist mein Abendessen?« Ist es wirklich so wichtig, wenn ich doppelt soviel Zahnpasta benutze wie Bob oder ihn zehn Minuten warten lasse, nachdem ich bereits gesagt habe: »Ich bin soweit«? *Ist es wirklich so wichtig?* Wir finden, wichtig ist nur, daß wir die Gegebenheiten, die wir nun einmal darstellen, liebevoll hinnehmen und nach den Dingen Ausschau halten, die den anderen glücklich machen.

Hierzu noch eine schöne Geschichte, die Bobs Bruder Henry einmal erzählt hat.

Henry ist Arzt und hat einen Patienten, dessen Frau eine Zwangsrednerin ist. Eines Tages kam der Patient in die Praxis und beklagte sich, daß er nichts mehr hört. Doktor Henry schaute ihm in die Ohren und verkündete die frohe Botschaft, mit seinen Ohren sei alles in Ordnung, sie seien lediglich mit Wachs verstopft.

»Ich kann sie sauber machen, und Sie hören wieder so gut wie eh und je.«

»Das ist wundervoll, Herr Doktor, aber könnten Sie mir einen Gefallen tun? Könnte ich am Montag wiederkommen, und Sie machen sie dann sauber? Wissen Sie, ich fahre übers Wochenende mit meiner Frau weg . . .«

Das nennt man *Jeder gewinnt.*

9. Treue

Lisa und Tracey waren Zimmergenossinnen. Sie waren auch die besten Freundinnen. Lisa ging schon seit Monaten mit Luke, doch eines Tages bat er Tracey um ein Rendezvous, und sie sagte zu.

Als Tracey nach Hause kam, wartete Lisa auf sie.

»Wie konntest du mir das antun?« wollte Lisa wissen. »Du, meine beste Freundin! Wie konntest du mit Luke ausgehen, wenn du doch weißt, was er mir bedeutet?«

Tracey war ehrlich erstaunt. »Warum regst du dich so auf? Was macht es schon für einen Unterschied, wenn Luke einen Abend mit mir verbringt? Bist du dir deiner so unsicher, daß du das Gefühl hast, du verlierst ihn, wenn er einmal mit einer anderen Frau schläft?« Sie machte eine Pause. »Wir sind seit zwei Jahren Zimmergenossinnen, und ich habe immer das Gefühl gehabt, daß du Hilfe brauchst, aber bis zu diesem Augenblick habe ich nicht gewußt, wie neurotisch du bist.«

Lisa fing an zu schreien. Und dann hat sie geweint. Schließlich packte sie ihre Kleider und ihre Plattensammlung und zog aus. Doch das, was Tracey ihr gesagt hatte, blieb haften. Sie war wütend auf Tracey, bewunderte jedoch ihre kühle Art. Vielleicht hatte Tracey recht.

Kurze Zeit später rief Lisa Traceys Psychiater an und begann bald darauf mit einer regelmäßigen Behandlung. Der Psychiater gehörte zu einer Gruppe, die der Meinung war, jeder Patient braucht geballte Hilfe von seinem Psychiater. Das geht so weit, daß er seine Patienten zum Essen und zu Partys ausführt und häufig auch ins Bett. Nachdem Lisa bereits ein Jahr Behandlung hinter sich hatte, traf sie Tracey auf einer Party, die ihr gemeinsamer Psychiater gab. Es war ihr erstes Zusammentreffen seit der Trennung.

Lisa umarmte Tracey herzlich und mit Wärme. »Schön, dich wiederzusehen«, sagte sie. »Ich wollte dich schon längst einmal anrufen. Ich muß mich bei dir entschuldigen. Wegen Luke. Ich weiß jetzt, daß du recht gehabt hast. Wenn ich mir seiner sicher gewesen wäre, hätte es mir nichts ausgemacht, daß du auch mit ihm ausgehst. Dadurch, daß du mit ihm aus warst, hast du nichts von dem weggenommen, was er und ich zusammen hatten. Es gab keinen Grund, eifersüchtig zu sein, aber ich war zu infantil, um das zu verstehen.«

Sie nahm Traceys Hand und lächelte sie an. »Wirst du mir verzeihen? Können wir wieder Freunde sein?«

Tracey strahlte zurück. »Natürlich können wir das«, antwortete sie überglücklich. »Du bist doch tatsächlich erwachsen geworden.«

Tracey erzählte uns diese Geschichte letzten Sommer auf einer Party. Wir unterhielten uns alle über »freie Ehen« und Treue. Tracey ließ sich seit einigen Jahren nicht mehr analysieren und hatte vor kurzem einen Schauspieler namens Lance geheiratet.

»Wenn ich heute darauf zurückblicke«, schloß Tracey, »muß ich zugeben, daß das alles der größte Unsinn gewesen ist. Neurotisch, in der Tat! Und Lisa hat sich bei mir entschuldigt!«

Sie griff über den Tisch und nahm ihren Mann bei der Hand. »Ich kann nur eines dazu sagen, wenn eine meiner Freundinnen mit Lance ausgehen würde, würde ich beide skalpieren!«

Ich würde Bob nicht gerade skalpieren, wenn er mit einer anderen Frau ausgeht, aber ich wäre verletzt und wütend und würde mich ungeheuer aufregen. Und wir wüßten beide, daß etwas mit unserer Ehe nicht in Ordnung ist. Wir wollen damit nicht behaupten, daß in jeder Ehe etwas nicht in Ordnung ist, wenn sich die Partner nicht die Treue halten. Wenn zwei Menschen in einer »freien« Ehe funktionieren können, wie schön für sie. Nur was für einen selbst funktioniert, zählt.

Für uns und für die meisten Menschen, die wir kennen, wäre eine Untreue ein schwerer Schlag.

Zum Glück würde ich es sofort wissen, wenn Bob einmal auf die Pirsch ginge. Er ist nicht in der Lage, die einfachste Lüge auszusprechen. Ich sehe ihn förmlich vor mir ...

Bob kommt nach Hause geschlichen, wirft mir einen schuldbewußten Blick zu, und noch ehe er »Hallo« sagt, platzt er damit heraus: »Wie kommst du darauf, daß ich heute nachmittag mit Barbara geschlafen habe?«

Ich sage »zum Glück«, denn, würde einer von uns den anderen betrügen, würde das bedeuten, daß wir eine so hohe Mauer zwischen uns errichtet haben, daß wir nicht mehr in der Lage sind, uns durch unsere Probleme hindurchzureden, und sie statt dessen ausleben müßten. Aber wir wissen auch, daß die einzige Möglichkeit, wieder von vorne anzufangen, darin bestünde, daß wir uns darüber aussprechen, was passiert ist und warum. Wie Bob sagt:

»Ich weiß, daß es Psychiater gibt, die einem einreden, daß, wenn ein Partner Untreue eingesteht, das an sich schon ein Akt der Feindseligkeit ist. Er ist darauf aus, ihr eins zu verpassen. Sie ist darauf aus, ihm die Eier abzuschneiden. Das kann schon sein. Aber wenn einer von uns je einen Fehltritt machen würde, sehe ich die einzige Möglichkeit, sich damit abzufinden, offen darüber zu reden. Auch wenn es weh tut. Und das tut es natürlich.«

Untreue passiert nicht einfach. Es gibt immer einen Grund dafür. Wenn zwei Menschen heiraten oder anfangen, miteinander zu leben, tun sie das, weil sie einen ganz bestimmten Menschen gefunden haben, den sie lieben und begehren, und diese Person wollen sie exklusiv für sich haben – zumindest in diesem Augenblick.

Als ich Bob geheiratet habe, habe ich erwartet, daß unsere Ehe monogam bleibt. Ich habe nicht erwartet, daß er sich andere Bettpartner sucht. Treue war eines der unausgesprochenen Grundgesetze wie bei fast allen Ehen auch. Doch scheint die Untreue ein anerkanntes Nebenprodukt der Ehe zu sein. Warum? Was geschieht? Was verändert die Werte? Was geht schief? Und was können wir dagegen tun?

William und Willa waren ein wunderschönes Paar. Willa sprach mit sanfter Stimme und sah blendend aus, William sah auch gut aus und konnte gut reden. Und allen hat Willa leid getan.

Jede neue Sekretärin, die seine Firma einstellte, war eine Herausforderung für William. Bei der Weihnachtsparty bildete sein Büro die traditionelle Drehtür, und William machte für jede Eroberung einen Strich auf seinem Gürtel. Die Frage lautete nie: »Hat William ein Verhältnis?« Sie lautete: »Mit wem schläft er jetzt?«

Aber auch William und Willa haben mit den besten Hoffnungen angefangen wir wir alle auch. Sie waren jung und beteten einander an. William hatte eine vielversprechende Karriere als Prokurist vor sich. Willa war Fotomodell. Das Leben zusammen war ein immerwährendes Fest. Sie fuhren Ski in Zermatt, sie schwammen in Easthampton, trugen Kleider von Givenchy und Cacherel und tanzten die Nächte bei Shepherd's durch, ehe die Diskothek in unseren Sprachschatz trat. Und dann beschlossen sie, ein Baby zu haben, und ihre Welt zerbrach in Trümmer.

Willa ist ihr ganzes Leben über verwöhnt worden, und sie sah nicht den geringsten Grund, warum das Leben sie nicht weiterhin verwöhnen sollte. William ist immer alles in den Schoß gefallen, College, Stellungen, Frauen. Das Wort Mißgeschick stand nicht in seinem Vokabelheft. Und das Wort Wirklichkeit hatte keinerlei Bedeutung für beide.

Als Willa aufhörte zu arbeiten, wußte sie ganz genau, daß sie nun von nur einem Gehalt leben mußten, sah jedoch nicht ein, warum sie deshalb auf all die Dinge, die »Spaß« machten, verzichten sollte. Es mußte Williams Schuld sein. Warum konnte er nicht einfach mehr Geld verdienen? »Was für ein Familienvater bist du?« wurde zu: »Was für ein Mann bist du eigentlich?«

William konnte Willa keine Antwort geben, weil er keine wußte. Aber er fing an, sich als Versager zu betrachten. Willa verstärkte den Druck, William fühlte sich immer weniger als Mann, er wurde impotent. Zumindest bei Willa.

In Panik wandte William sich an seine Sekretärin, die ihn

schon immer heimlich angebetet hatte. Sie konnte ihr Glück gar nicht fassen. Hier war dieser Gott und kam vom Olymp geklettert, um ihr bescheidenes Lager mit ihr zu teilen.

William entdeckte, daß er alles eher als impotent war. Und er liebte es, ein Gott zu sein. Es war eine unwiderstehliche Kombination, die zur Lebensanschauung wurde.

Als Jennifer und Bill zehn Jahre verheiratet waren, war die Mauer zwischen ihnen so hoch, daß sie auch beim Essen kaum mehr darüber hinweg sehen konnten – im Bett waren sie schon seit Jahren nicht mehr darüber geklettert. Die Ehe war ein einziges großes Gähnen. Wie habe ich nur ein so bombastisch langweiliges Geschöpf heiraten können? fragte sich Jennifer. Wie ist es möglich, daß ich eine Frau mit einem Spaghetti-Gehirn geheiratet habe? lautete Bills Frage.

Jennifer und Bill waren gesellige Menschen, gingen gerne aus und hatten viele Freunde. Das half die intensive Stumpfheit in ihrer Ehe zu kompensieren. Und sie hatten zwei ganz besonders gute Freunde, Jackie und Mark.

Jackie war all das, was Jennifer nicht war. Sie war witzig, ihre Ansichten waren gut durchdacht, und Bill konnte es einfach nicht fassen, daß in einem so schönen Körper ein so klarer Verstand wohnte.

Mark war lustig und voller Leben. Er wollte immer irgendwo hingehen – ins Konzert, zu Festivals, zu Kunstgalerien. Er lief Ski, fuhr ein tolles Auto und, was Jennifer am meisten beeindruckte, all diese Vitalität lebte in einem so netten und warmherzigen Mann.

Das beste an der Sache war, daß Jackie und Mark genauso wie Jennifer und Bill empfanden. Ganz genauso. Sie langweilten sich miteinander, und Jennifer und Bill stimulierten sie. Und eines Tages machte Mark den ungeheuerlichen Vorschlag: »Warum tauschen wir nicht?«

Natürlich! Das war die Lösung! Und es war alles so einfach – es hatte vor ihren Augen gelegen, die ganze Zeit schon. Innerhalb weniger Wochen packten die Männer ihre Siebensachen, gaben ihrer kleinen Frau einen Kuß auf die Stirn und tauschten die Plätze. Es war der Himmel. Ungefähr zwei Monate lang. Ein großer Spaß. Noch einmal ungefähr zwei Monate lang. Und wirklich recht gut – ungefähr vier Monate lang.

Dann entdeckte Jennifer plötzlich, daß Mark womöglich noch langweiliger war als Bill. Bill langweilte sie wenigstens mit seinen Vorträgen über Weltpolitik, Mark predigte über Einspritzmotoren.

Bill entdeckte, daß hinter Jackies hübschem Gesicht ein Hohlraum war. Nicht einmal Spaghetti. Er sehnte sich nach Jennifers hausbackenen Weisheiten.

Und eines Tages, ungefähr ein Jahr, nachdem alles begonnen hatte, tauschten sie wieder zurück. Es war peinlich, ungemütlich, schmerzhaft und schwierig – aber sie waren alle einer Meinung, es war die einzig mögliche Lösung.

Jennifer und Bill arbeiteten an einem neuen Anfang. Sie begannen darüber zu reden, warum sie ursprünglich geheiratet, was sie zueinander hingezogen und wann und warum es angefangen hatte, schiefzugehen.

Sie haben natürlich nicht alle Antworten gefunden, aber einige. Das Jahr des Tauschspiels hat Wunden zurückgelassen, die nie verheilen werden, aber es war der Katalysator, der ihnen half, die Mauer einzureißen. Heute sind sie ein ganz normales Paar wie Bob und ich. Sie mögen sich. Oft haben sie sogar echte Freude aneinander. Sie kämen nie auf die Idee, sich nach jemand anderem umzudrehen.

Tante Sally hat nie verstanden, warum Onkel Phil geheiratet hat. Im Jahr 1920 haben sie sich kennengelernt. Sie war Liftführerin in einem nagelneuen Wolkenkratzer. Um sich für diese Stellung zu qualifizieren, mußte man groß, schlank und hübsch sein. Wie eine Stewardeß im Film, wenn Jimmy Stewart den Pilot spielte.

Onkel Phil war Vizepräsident einer Versicherungsgesellschaft, die ihre Büros in demselben Wolkenkratzer aufgeschlagen hatte. Seine Frau war gestorben. Jeden Abend ging er nach

Hause, kochte für seine beiden kleinen Söhne das Abendessen und träumte von der schmucken Liftführerin mit dem strahlenden Lächeln.

Und dann haben sie geheiratet. Sally gab ihre Stellung auf, blieb zu Hause und machte sich Sorgen um all die anderen hübschen Liftführerinnen, die Phil jeden Tag zu sehen bekam. Das wurde bei ihr zur fixen Idee. Wenn sie auf eine Party gingen und Phil etwas über eine andere Frau sagte, wurde Sally wütend. Ihre Wut machte ihn wütend, und er flirtete absichtlich mit anderen Frauen.

Sally hat nie verstanden, daß Phil sie geheiratet hat, weil sie warmherzig und verständnisvoll war, und daß ein anderes hübsches Gesicht, eine andere hübsche Figur keine Bedrohung für sie bedeuteten. Sie hat das nie begriffen, weil er nie sensibel genug war, es ihr zu sagen.

Phil hingegen erkannte nie, daß Sallys »Eifersucht« nichts anderes war als die Angst einer unsicheren Frau, die immer in dem Wahn lebt, die nächstbeste Frau könnte an ihren Platz treten. Das begriff er nie, weil sie nie den Mut hatte, ihm von ihren Ängsten zu erzählen.

Die Jahre vergingen, Phils Flirts wurden zu Treuebrüchen mit Geschäftsreisen, Überstunden im Büro und schließlich Nächten oder Wochenenden, an denen er einfach nicht nach Hause kam. Wenn er dann genug Mut zusammengerafft hatte, um doch nach Hause zu gehen, wartete Sally bereits mit dem Nudelholz auf ihn.

Sally und Phil war es nicht gegeben, über die Kleinigkeiten, die sie bewegten, zu sprechen, und Zentimeter für Zentimeter bauten diese Kleinigkeiten eine Mauer zwischen ihnen auf. Doch die Gefühle, die sie beunruhigten, sind ganz natürlich für uns alle. Auch wenn Bob nun in Fire Island am Strand sitzt und die Bikinis – oder noch weniger – beobachtet, die an ihm vorbeispazieren, es besteht ein Riesenunterschied zwischen der Bewunderung dessen, was das Auge sieht, und dem Handeln nach einem flüchtigen Gefühl.

Die meisten Menschen betrachten die Untreue als ein Problem und nicht als etwas, womit man sich brüsten muß. Immer weniger wird die Untreue als Zeichen der Männlichkeit gewertet. Nicht daß sie von der Erdoberfläche verschwinden wird. Bobs Welt ist voller Männer, die mit einer »Mieze« in jeder Stadt prahlen. Einer der notorischsten Seitenspringer war der Präsident einer besonders zugeknöpften Firma aus dem mittleren Westen. Die Firma war auf Moral spezialisiert und ihr Präsident auf »Weiber«.

»Ich nehme an, seine Frau weiß es in der Zwischenzeit«, sagte Bob. »Er ist so gut wie nie zu Hause. Immer fliegt er irgendwohin, er hat einen regelrechten Stall. Einmal habe ich das Thema versteckt angeschnitten – aus Neugierde – und ihn gefragt, wieso seine Frau nichts gegen seine dauernden Reisen einzuwenden hätte. Seine Antwort hat mich einigermaßen außer Fassung gebracht: ›Wenn sie Nerzmäntel und Cadillacs haben will – und das tut sie –, hält sie besser den Mund!‹«

Bob hatte noch einen anderen Klienten, der scheinbar eine harmonische Ehe führte. Wann immer sie sich zum Mittagessen trafen, versäumte Gordon es nie, ihm zu erzählen, wie sehr er seine Frau liebt und was für eine wundervolle Frau sie ist.

Gordon war Präsident einer großen Firma, und als er beschloß, sich ins Privatleben zurückzuziehen, war Bob zur Abschiedsparty geladen. Zu seinem Erstaunen waren auch eine Anzahl von »Playgirls« auf der Party. Als er einen der leitenden Angestellten fragte, warum man einem treuen Ehemann eine so seltsame Party gab, starrte dieser ihn mit offenem Mund an.

»Ja, wissen Sie denn nicht, daß Gordon der größte Bock in der ganzen Firma ist? Wir haben diese Mädchen nur eingeladen, damit er sich ein paar aussuchen kann.«

Wie sich herausstellte, war Gordon nicht nur ein sehr eifriger ungetreuer Ehemann, seine Spezialität waren zwei Frauen gleichzeitig.

Seltsamerweise entsprach das, was er Bob beim Mittagessen erzählt hatte, der Wahrheit. Er liebte seine Frau wirklich und hielt sie für eine bemerkenswerte Frau. Aber Alice hatte sich ihm schon seit Jahren sexuell versagt. Und Gordon brauchte Sex. Eben weil ihm Alice so wichtig war, mußte er sich selbst beweisen, daß er immer noch Erfolg bei Frauen hatte. Und das bewies er sich ununterbrochen. Alice weiß, daß Gordon sie betrügt, und ist im stillen erleichtert. Es ist ihr egal, mit wem er schläft, solange er sie nur in Ruhe läßt.

Gordon und Alice führen eine Ehe, die ausgesprochen angenehm ist und alle ihre Bedürfnisse, außer den sexuellen, befriedigt. Ihre Ehe »funktioniert«.

Während die Untreue ein substantieller Teil des Eheschemas ist, scheint sie doch nicht mehr wirklich modern zu sein. Genau wie das Vorurteil. Als wir Kinder waren, wußten wir, es gibt Schulen, Stellungen, Hotels, Klubs usw., die uns verschlossen bleiben, weil wir schwarz sind oder Juden, Italiener, Katholiken oder was auch immer. Vorurteile öffneten Tür und Tor und bildeten eine anerkannte Tatsache des Lebens. »Man kann die Menschen nicht ändern«, haben alle gesagt. Statt dessen veränderte man seinen Namen.

Vorurteile sind heutzutage nicht mehr »in«. Und Untreue auch nicht. Wir bedauern die Menschen, die keine Befriedigung in ihrer Ehe finden. Wir bewundern sie nicht. Die meisten jungen Leute, die wir kennen, haben absolut keinen Nerv für Untreue. Das ist auch einer der Gründe, warum sie lieber zusammenleben als heiraten.

»Ich brauche den Druck der Gesellschaft nicht, um mit Grant zu leben«, sagt Penelope. »Ein Stück Papier macht keinen Unterschied bei den Gefühlen, die man füreinander hegt. Wenn wir für immer zusammenbleiben wollen, werden wir das tun. Und wenn wir uns trennen wollen, werden wir auch das tun. Aber wir müssen nicht die Heuchelei eines Ehekontraktes mitmachen, um uns treu zu bleiben. Das hängt nur davon ab, was in uns drin ist.«

Im Gegensatz zu Grant und Penelope haben wir uns für die Ehe entschieden, weil die formelle Bindung aneinander eine Bedeutung für uns hat, die ein weniger strukturiertes Arrangement nicht für uns hätte. Aber es ist nicht das Blatt Papier, weswegen wir uns die Treue halten. Wir haben andere Gründe:

1. Es stärkt das Selbstvertrauen, zu wissen, daß man einem anderen Menschen so viel bedeutet, daß er sich nicht anderswo nach Wärme, Liebe, Erregung oder Befriedigung umsehen muß.
2. Wir würden uns mit der Untreue sehr unbehaglich fühlen. Wir würden uns sogar wahnsinnig schuldig fühlen.
3. Wir sind so glücklich mit dem, was wir miteinander haben, daß wir keine Lust haben, unsere Ehe in irgendeiner Art und Weise zu gefährden.
4. Wir lieben uns so sehr, daß wir nichts tun würden, was dem anderen weh tut.
5. Wir sind nicht böse miteinander. Wir müssen uns nicht auf diese Art und Weise aneinander rächen.
6. Wir sind zufrieden mit dem, was wir miteinander haben. Wir haben nicht das geringste Bedürfnis, links und rechts zu gucken.

Im Zoo von Bronx gibt es eine Anlage, die all das zu bestätigen scheint. Wenn man das Haus der Wasservögel betritt, gelangt man in einen großen dunklen Raum, und die erste Szenerie, die man zu sehen bekommt, ist eine naturgetreue Strandszene. Echter Sand, echtes Wasser, echtes Schilfgras mit Seemöwen, Seeschwalben, Sandpfeifern, die herumfliegen, miteinander schnattern, durch das Wasser waten und geräuschvoll ihre Ansichten in die Welt zwitschern. Nichts steht zwischen einem und den Vögeln außer einem Geländer. Kein Glas. Kein Maschendraht. Kein Käfig. Warum fliegen die Vögel nicht weg? Warum bleiben sie in der Kulisse einer Strandlandschaft, wenn sie nicht dazu gezwungen sind?

Ein Schild an der Mauer gibt die Antwort darauf: Die Vögel haben keinen Grund, den Strand zu verlassen. Sie haben alles, was sie brauchen. Nahrung, Wasser, Gesellschaft. Warum sollten sie das alles aufgeben? Sie tun es auch nicht.

10. Darüber reden

»Bloß weil du einen Menschen liebst, bist du noch lange kein Gedankenleser.«
Henry Greenwald

In einer ihrer provokativen Sendungen interviewte die Fernsehjournalistin Jeanne Parr eine Familie, die sich in den letzten zwei Jahren einer Psychotherapie unterzogen hatte. Eine Bandaufnahme verdeutlichte eine ihrer ersten Zusammenkünfte mit dem Psychiater, bei dem besprochen wurde, wie einer der jüngeren Söhne mit dem Geld umgeht. Es war ein Problem, das offensichtlich der ganzen Familie am Herzen lag, doch die härtesten Töne schlug die Mutter an.

Nachdem die Bandaufnahme abgespielt war, durften Fragen aus dem Publikum gestellt werden. »Mußten Sie so unleidlich sein?« fragte eine Frau. »Hätten Sie nicht einfach mit Ihrem Sohn sprechen können?«

Die Mutter schüttelte den Kopf. »Sie müssen verstehen, damals haben wir nicht gewußt, wie man miteinander spricht.«

Genau das haben wir mit diesem Buch gemeint – daß es lebenswichtig für eine Ehe ist, miteinander zu reden. Wenn man miteinander redet, baut man keine Mauern, spielt man nicht »Na, warte!«. Man baut sukzessive seine Freundschaft aus, erhält die Romantik am Leben und bleibt verliebt.

Doch *wie* spricht man miteinander? *Wie* sind die Methoden? Woher weiß man, wann man miteinander reden muß? Woher weiß man, wann man nicht reden soll? Und woher weiß man, daß man genug geredet hat?

Zuerst: Woher weiß man, daß man miteinander reden muß?

Man weiß, irgend etwas ist nicht in Ordnung. Zum Beispiel, vor drei Wochen fühlte ich mich noch wohl. Heute morgen wußte ich plötzlich, daß ich mich gar nicht wohl fühle. Ich habe nicht das Gefühl zu lieben. Ich will auch keinen Geschlechtsverkehr. Der Geburtstag steht vor der Tür, und ich habe nicht den blassesten Schimmer, was ich Bob schenken soll. Irgend etwas stimmt nicht. Höchste Zeit zu reden.

Oder ... Bob geht in die Luft. Im Büro steht er unter heftigem Druck. Wenn er zu Hause ist, zerren die Kinder unentwegt an ihm herum. Und Dorothy stellt Listen von Dingen auf, die der Reparatur bedürfen. Versteht sie nicht, unter welchem Druck er steht? Muß sie es noch schlimmer machen?

Er ist in der Küche. Es ist Sonntag nachmittag. Er hat noch nicht einen Blick auf die Arbeit geworfen, die er sich am Freitag aus dem Büro mitgebracht hat.

»Möchtest du heute früher zu Abend essen?« fragt Dorothy.

»Warum läßt du mich nicht in Ruhe?« fährt er sie an. »Ich habe das Gefühl, ich werde aufgefressen. Seit Wochen habe ich nicht eine Minute für mich selbst gehabt.« Er haut mit der Faust auf die Küchenschranktür.

Etwas ist im argen. Und er weiß, es ist Zeit zu reden.

Seit wir zusammenleben, haben wir gelernt, unsere eigenen Gefahrensignale zu erkennen – Gefühle, Reaktionen, Benehmen –, die einem ganz klar sagen, daß eine Mauer im Bau ist – und dann ist es höchste Zeit, miteinander zu reden.

Aber wenn man die Signale versteht, die einem anzeigen, daß es Zeit ist für ein Gespräch, was macht man dann?

Denn nun wird's schwierig.

Man hat nämlich nie wirklich Lust, darüber zu reden.

Elinor ist erst seit einem Jahr verheiratet. »Wenn er mich wirklich liebt, warum hat er dann nicht ein bißchen mehr Gefühl für mich?« fragt sie. »Er sollte in der Lage sein, meine Körpersprache zu lesen. Er sollte wissen, wann ich verletzt oder beunruhigt bin. Ich sollte ihm das nicht erst sagen müssen. Das bedeutet, daß er mich nicht versteht.« Dann lacht sie. »Ich weiß, es klingt nicht erwachsen und realistisch. Aber wäre das nicht schön?«

Es *wäre* schön, wenn der Mensch, den man liebt, so auf einen abgestimmt ist, daß man sich nicht durch ein Problem zusammenraufen muß. Daß sich das Radar- oder Ortungsgerät automatisch einstellt und der Computer die richtige, die *einzige* richtige Antwort auf diese ganz spezielle Situation ausspuckt. Wie Elinor schon sagt, es wäre schön, aber es ist nicht allzu realistisch gedacht.

Wir wollen uns eigentlich nie wirklich zusammensetzen und über die Dinge sprechen, die uns beunruhigen. Wir möchten, daß sie einfach verschwinden. Doch das tun sie nicht. Selbst wenn es so aussieht, daß sie verschwinden, lagern sie sich bloß als Ziegel in der Wand ab. Und warten nur darauf, wieder Scherereien machen zu können.

Manchmal können wir von der Leber weg reden – uns einfach hinsetzen und reden –, aber oft brauchen wir Hilfe. Ein Spaziergang im Park, eine Autofahrt, ein Drink in einer Cocktail-Lounge, nach der Arbeit ein Abendessen in einem bevorzugten Restaurant – wir benützen Krücken, weil es uns nicht immer gelingt, uns einfach hinzusetzen und zu reden.

Jeder Tapetenwechsel hilft, doch es gibt noch viele andere Möglichkeiten, das Ventil zu öffnen.

Wir kennen Leute, die sich Briefchen schreiben, statt zu reden, Leute, die lieber telefonieren, als sich Auge in Auge gegenüberzusitzen, Leute, die sich über das Tennisnetz hinweg unterhalten. Durch dieses Buch haben wir angefangen, uns miteinander auseinanderzusetzen.

Heute morgen zum Beispiel sagte Bob: »Ich habe gar nicht gewußt, daß du an meinem Geburtstag so unglücklich warst.« Ich hatte keine Ahnung, wovon er sprach. »Du hast erst gestern darüber geschrieben. Du schreibst, du hättest nicht gewußt, was du mir schenken solltest.«

»O nein! Das habe ich doch nur als Beispiel für das Buch genommen. Damals war ich gar nicht böse auf dich.«

Manchmal ist es nicht unvernünftig, durch eine dritte Person miteinander zu sprechen – indem man über seine Gefühle zum Partner spricht. Bob nennt das den Billardstoß.

Gloria und Fred sprechen durch uns, wenn sie Schwierigkeiten haben, sich direkt miteinander auszusprechen. Vor kurzem hat Fred Bob von einer für ihn wichtigen Absicht erzählt. Fred ist Vorsitzender der wissenschaftlichen Abteilung einer großen Universität. Seine Stellung bereitet ihm Kopfschmerzen. Es ist eine politische Stellung. Eine schwierige Situation nach der anderen. Aber sie bringt jede Menge Prestige. Fred hat das Prestige satt – und die Politik. Er liebt es, zu unterrichten, er ist ein begeisterter Lehrer. Er würde liebend gerne den Vorstandsposten aufgeben und einfach unterrichten.

»Was sagt Gloria dazu?« fragte Bob ihn.

»Ich bin mir nicht so sicher. Ich habe noch nicht wirklich mit ihr darüber gesprochen.«

Als sie sich das nächstemal sahen, hat Bob ihn gefragt, ob er seine Entscheidung bereits getroffen habe. »Ich würde ja gerne aussteigen, aber ich glaube nicht, daß Gloria das möchte.«

»Gloria will was nicht?« fragte Gloria. Offensichtlich hatte Fred immer noch nicht darüber mit ihr gesprochen, aber jetzt, mit Hilfe unserer Anwesenheit, war er bereit, seine Absicht zu äußern.

»Das ist ja verrückt«, sagte Gloria. »Natürlich hat Fred es erwähnt, aber ich wäre nie auf die Idee gekommen, daß er es wirklich überlegt, als Vorsitzender abzutreten.« Sie machte eine Pause und dachte eine Weile nach. »Ich weiß, er wäre am liebsten wieder ein einfacher Lehrer. Er würde jeden Tag genießen. Aber ich frage mich, würde er das Prestige vermissen? Versteht ihr mich, würde er anfangen, weniger von sich selbst zu halten?«

»Ich habe euch ja gesagt, sie will nicht, daß ich zurücktrete«, sagte Fred.

Bob spricht mit mir, indem er mir seine langen und detaillierten Briefe an meinen Vater zu lesen gibt. Er weiß, Dad liebt es, von seiner Arbeit zu hören, also versucht er, ihn auf dem laufenden zu halten. Er weiß, Dad ist interessiert. (Botschaft an Bob: Bedeutet das, tief drinnen, nachdem du dies nun zweimal festgestellt hast, daß du glaubst, ich sei immer noch nicht wirklich interessiert?)

Eltern reden manchmal auf dem Umweg über ihre Kinder miteinander. Bob sagt nicht, du läßt ihnen alles durchgehen, aber er bringt die Botschaft an.

»Iß deinen Hamburger auf«, sagt er bei Tisch zu Mark.

»Muß ich das, Mami?« wimmert Mark.

»Wenn du deinen Nachtisch haben willst, mußt du erst aufessen.«

»Aber er ist zu durchgebraten, und ich habe zu viel Ketchup draufgetan, und er ist kalt . . .«

»Schön . . .«, fange ich gerade an.

»Es ist zwar nicht meine Rolle«, unterbricht mich Bob, »aber wenn ich deine Mutter wäre, würde ich diesen Unsinn nicht einmal mir dir diskutieren. Du kennst die Regeln. Wenn du nicht so lange darin herumstochern würdest, wäre dein Essen nicht kalt.«

»Daddy hat ganz recht«, sage ich. »Du mußt deinen Hamburger nicht aufessen, aber dann gibt es auch keinen Nachtisch.«

Bob hat über Mark mit mir gesprochen. Ich habe die Botschaft laut und deutlich vernommen. (Mark auch, er hatte den kalten Hamburger, gerade als der Apfelkuchen kam, hinuntergewürgt.)

Was passiert, wenn man zwar weiß, man sollte sich jetzt unterhalten, jedoch einfach nicht dazu in der Lage ist? Keine der Techniken funktioniert. In dem Moment, da man sich hinsetzt, um miteinander zu reden:

1. Nichts kommt dabei heraus, man hat sich absolut nichts zu sagen.
2. Nur Gift und Galle kommt heraus. Der Zorn schwappt über, das einzige Resultat ist, daß man sich mieser fühlt als am Anfang.
3. Es ist zu schwierig. Es geht nicht. Man kann sich nicht überwinden, die richtigen Worte zu sagen.

Die einzige Lösung könnte professionelle Hilfe sein – ein Hausarzt, ein Pfarrer, ein Eheberater, ein Psychiater, ein Psychologe.

Früher haben sich die Leute an Bobs Vater um Rat gewandt. Er war ihr Hausarzt. Er war ihr Eheberater. Er war ihr Freund. Seine Patienten beteten ihn an. Sein Standard-Ratschlag für eine kränkelnde Ehe war ein Baby. »Er hat Menschen zwanzig Jahre lang zusammengehalten«, erinnert sich Bob. »Und zwanzig Jahre lang haben sie miteinander gekämpft.«

Was passiert, wenn der eine reden möchte und der andere nicht? Es einfach ablehnt. Was dann?

Nehmen wir an, ich habe ein Problem und endlich meinen ganzen Mut zusammengerafft und sage zu Bob: »Laß uns reden«, und er sagt: »Nein! Ich möchte das Fußballspiel anschauen.« Was mache ich dann?

»Manche Männer erfinden tausend Ausreden, um eine Aussprache zu vermeiden«, sagt Marge. »Ich weiß das. Ich bin zweimal geschieden.«

Die Scheidung ist tatsächlich manchmal die einzige Lösung, wenn der eine sich weigert, sich über die Probleme des anderen zu unterhalten. Wenn man will, daß eine Ehe fortbesteht, muß man auch seinen Anteil an Verantwortung übernehmen – auf jedem Gebiet. Bob meint:

»Man hat nicht das Recht, ein Gespräch zurückzuweisen. Nicht in einer Ehe unter Erwachsenen. Wenn man sich wie Kinder unterhält und sowieso keine rechte Ehe führt – schön. Er kann seiner Wege gehen und mit den Jungs spielen, und sie kann ihrer Wege gehen. Wenn man Kind sein will, soll man Kind sein. Aber man muß auch wissen, daß man ein Kind ist.

Ich finde, diesen Moment der Wahrheit muß es geben. Wenn der eine sagt: ›Wir haben ein Problem‹, und der andere sagt: ›Zur Hölle damit, ich möchte nicht darüber reden‹, dann muß man der Tatsache ins Auge sehen, daß man eben keine großartige Ehe führt und wahrscheinlich auch nie führen wird.«

Angenommen, wir sind beide bereit, uns zu unterhalten, ist die Beachtung von »Das darfst du« und »Das darfst du nicht« wichtig:

1. *Schiebe es nicht auf. Mach es sofort!*

Gloria und Fred reden nicht miteinander. Nicht wirklich. Und das wissen sie auch.

»Wir müssen uns das von der Seele reden«, sagt Fred zu Bob. »Wenn wir in Urlaub sind, haben wir eine Chance, es zu tun. Dann sind wir entspannter. Vielleicht können wir die Dinge dann klären.«

»Großartig!« erwidert Bob. »Wann fahrt ihr?«

»In zwei Wochen«, sagt Fred.

»Schlecht«, erwidert Bob.

Nach unserer Erfahrung ist es weitaus besser, über ein Problem zu reden, sobald es aufgetaucht ist, als wenn wir auf den »richtigen« Augenblick warten. Je länger wir mit dem Problem leben, desto mehr Ärger baut sich auf. Je früher wir miteinander reden, desto besser sind die Lösungen. Der gute Wille ist ausgeprägter, das Gefühl daß wir uns wirklich lieben und daß das Problem wichtig genug ist, um sofort etwas dagegen zu unternehmen und nicht erst morgen.

2. *Wähle den richtigen Ort und die richtige Stunde.*

Gloria möchte jetzt sofort darüber reden – ehe sie immer böser aufeinander werden. Fred sieht sich die Sportschau an. Sie setzt sich neben ihn.

»Fred, wir müssen uns unterhalten.«

»Ich weiß. Ja. Das müssen wir. Schau dir den Burschen an. Kannst du dir vorstellen, wie ein Mann so rennen kann?«

»Phantastisch«, sagt Gloria vage. »Du weißt, eines der Dinge, die mich bedrücken, ist ... Ich weiß, es ist dumm, und ich wollte auch nicht darüber reden, weil es so dumm ist, aber ich finde keine Ruhe ...« Sie legt eine Pause ein.

»Großartig, Schatz, bin froh, daß du das sagst. Toll! Hast du diesen Paß gesehen?«

Gloria läßt ihn sitzen. Sie kocht innerlich. Dabei war er derjenige, der immer gesagt hat, sie müßten sich unterhalten, aber scheinbar interessiert es ihn nicht wirklich.

Gloria hätte sich keinen schlechteren Zeitpunkt aussuchen können.

Fred ist ein Fußballfan, und Gloria weiß das. Sie hat um Schwierigkeiten gebeten, nicht um eine Antwort.

Wenn wir uns unterhalten, suchen wir uns erst einmal sorgfältig einen guten Rahmen für das Gespräch. Wir versuchen es in einer Atmosphäre abzuhalten, in der wir keine Angst haben müssen, gestört zu werden. Wenn wir uns zu Hause unterhalten müssen, tun wir das, nachdem die Kinder ins Bett gegangen sind, und legen den Telefonhörer neben die Gabel. Unterbrechungen lassen einen den roten Faden vergessen oder intensivieren die Verärgerung.

Wir ziehen es sogar vor, auszugehen, weil Requisiten wie Kerzenlicht und Musik es leichter machen, zum Schluß Händchen zu halten. Wo immer unser Gespräch stattfindet, erst versichern wir uns, daß der Rahmen eine Hilfe für die Lösung des Problems bietet.

3. *Bestehe auf dem Gespräch! Laß dich nicht aufhalten, ehe du die Lösung gefunden hast.*

Im Bett, nach der Sportschau, legt Fred einen Arm um Gloria.

»Du wolltest mir doch etwas sagen. Tut mir leid, wenn ich nicht ganz bei der Sache war.«

»Vergiß es«, erwiderte Gloria. »Es war nichts. Ich bin jetzt zu müde. Ich will jetzt nicht darüber reden.«

Sie rollt sich auf die Seite und schläft ein. (»Na, warte!«)

Eine solche Reaktion ist sehr verlockend, aber keine Art, mit einem Problem fertig zu werden. Oft haben wir nicht die geringste Lust, uns zu unterhalten – und dafür gibt es mindestens ebenso viele »gute Gründe« wie Probleme –, doch für gewöhnlich hat einer von uns Verstand genug, um darauf zu bestehen. Wir versuchen, kein Problem unter den Tisch fallen zu lassen. Wir finden nicht zu jedem Problem eine Lösung, aber die Tatsache, daß wir uns wirklich darum bemühen, macht es einfacher, mit dem zuweilen ungelösten Problem zu leben, und hilft uns, es zu zerstreuen.

4. *Sei ein Freund! Schieß nicht und stell hinterher die Frage!*

Strider, unser ungarischer Pointer (ein verkleideter Prinz von Aragon), hat was »ausgefressen«. Um die Wahrheit zu sagen, für seine Verhältnisse ist er sehr unartig gewesen. Er hat mit seiner langen Schnauze in unserem Mülleimer gewühlt und ist mit einem Maul voller Hühnerknochen wieder aufgetaucht, die er genüßlich zu verspeisen ansetzte, als Bob gerade das Zimmer betrat. Triumph verwandelte sich in schwanzwedelnde Panik, Panik in bauchkriecherische Schuldbezeugungen. Und alles ohne ein Wort von Bob, lediglich ein Blick. Bob hob die verbrecherischen Knochen auf, schüttelte sie vor Striders Nase und erklärte mit lauter Stimme, daß diese eines der schlimmsten Pfui-Pfui darstellten und daß Strider das eigentlich wissen müßte. Abgesehen davon würde Bob sich seiner schämen! Daraufhin zerrte er Strider, dessen Beine den Dienst versagten, ins Badezimmer und warf die Tür ins Schloß. »Du bleibst da, du schlimmer Hund!« rief er und stampfte in den ersten Stock.

Ungefähr eine Stunde später kamen wir vorbei und hörten den Hund winseln. »Tut mir leid«, sagte er, »es soll mir eine Lehre sein. Von jetzt an werde ich so lieb sein, daß ihr mir den Schlüssel zum Safe, in dem ihr die Hamburger aufbewahrt, anvertrauen könnt.«

»Mami, bitte laß ihn heraus«, flehte Liza.

»Gute Idee«, sagte ich. »Würdest du hinauflaufen und Daddy sagen, ich fände es an der Zeit, Strider wieder rauszulassen? Nach einer Weile vergißt er, warum er da drin ist, und es wird zur sinnlosen Strafe.«

Liza rannte die Treppe hinauf. »Daddy«, rief sie, »Mami sagt, du sollst Strider rauslassen.«

Habe ich vorhin vom roten Alarmknopf gesprochen? Niemand sagt zu Bob, »du sollst«. Bobs erste Reaktion war, aus allen Rohren spuckend aus dem Zimmer zu stürzen. Das hat er jedoch nicht getan. Weil er ein schlauer Bursche ist und nicht wie ein Roboter reagieren muß, bloß weil jemand auf seinen roten Knopf gedrückt hat. Bob und ich sind Freunde. Der Freund hat das Recht zu zweifeln. Man fängt nicht gleich an loszuballern und stellt erst hinterher die Fragen.

Bob kam herunter. Er war verärgert – und verblüfft. Ich schreibe ihm nie vor, was er zu tun hat.

»Hast du wirklich zu Liza gesagt . . .!« fragte er mich, und eine weitere Krise war bewältigt.

5. *Kenne deine Rolle! Laß sie für dich sprechen!*

Mark wollte seine Hausschuhe nicht anziehen.

»Wie kannst du das Kind an einem so kalten Tag wie heute ohne Hausschuhe herumlaufen lassen?« fragt Bob. »Deshalb bekommt er immer Halsschmerzen.«

»Halsschmerzen haben nichts damit zu tun, ob man Hausschuhe trägt oder nicht«, belehre ich ihn. »Das Kind ist immer kochend heiß. Er ist überhitzt, und dann friert er. Deshalb bekommt er Halsschmerzen.«

(Bob und ich praktizieren eine Hausmedizin, die wir teilweise Altweibergeschichten entnehmen, teilweise dem Kaffeesatz und teilweise irgendwelchen Kräuterbüchern.)

»Okay.« Bob zuckt mit den Achseln. »Du bist der Boß. Ich bin dagegen, aber das ist nicht mein Bereich.«

Wir wissen beide, daß wir im Recht sind, doch anstatt zu streiten, begnügen wir uns mit unseren Rollen und lassen diese sprechen. (Ich muß dazu noch sagen, daß, wenn Mark wirklich Halsweh bekommt, Bob niemals »Na, warte!« mit mir spielen und mir unter die Nase reiben würde: »Ich habe dir doch gesagt, er soll seine Hausschuhe anziehen.«)

6. *Respektiere den Partner – auch wenn du weißt, er (sie) ist im Unrecht.*

Arthur und Bob essen zusammen zu Mittag. »Evelyn ist vollkommen mit den Nerven fertig«, erzählt er ihm. »Sie sagt ununterbrochen, wir müssen darüber reden, wieviel Geld ich für die Lautsprecher ausgebe, die ich überall im Haus anbringe.

Was gibt es darüber zu reden? Es ist mein Geld, ich verdiene es. Ich kann es ausgeben, wie es mir paßt. Ich sage ihr die ganze Zeit, es gibt nichts zu reden.«

Bob versucht an Arthur heranzukommen. Er ist Arthurs Freund und spricht ganz ehrlich mit ihm.

»Stell dir das so vor«, sagt er. »Wenn Dorothy behauptet, sie hat ein Problem, dann verschwindet es nicht, wenn ich sage: ›Sie muß verrückt sein‹, und es einfach ignoriere. Wenn es sie beunruhigt, ist es wichtig, sich darüber zu unterhalten – auch wenn ich davon überzeugt bin, daß sie im Unrecht ist. Ich respektiere sie, also höre ich mir an, was sie zu sagen hat, und versuche sie, von ihrem Standpunkt aus, zu verstehen.«

»Mag sein, aber Dorothy ist intelligent. Evelyn ist eine dumme Gans. Warum soll ich mir ihr Geschwätz anhören?«

Bob läßt nicht locker und dringt in Arthur.

»Nehmen wir an, ich komme zu dir mit der Nachricht, ich gebe meine Stellung auf und werde mir in Zukunft mein Geld als Photograph verdienen. Du weißt, daß das Blödsinn ist, aber du würdest nicht einfach sagen: ›Du bist verrückt‹, und mich stehen lassen, oder? Du würdest dir anhören, was ich dazu zu sagen habe, was meine Gründe sind. Wenn meine Gedankengänge falsch sind, würdest du mich darauf aufmerksam machen. Am Ende müßtest du vielleicht sogar gestehen, daß ich recht habe, obwohl du von Anfang an davon überzeugt warst, daß es eine Dummheit ist.«

Jetzt hört Arthur zu. Bob macht ihm verständlich, worauf es ankommt.

»Warum kannst du Evelyn nicht dieselbe Chance einräumen, die du einem Freund einräumen würdest?« Bob macht eine Pause. *Sogar* Arthur mußte auf diese Art Logik reagieren.

»Weil sie eine dumme Gans ist«, erwidert Arthur. »Laß uns bestellen.«

Wenn Bob und ich nicht einer Meinung sind, dann natürlich nur, weil wir beide der Ansicht sind, im Recht zu sein. Oftmals wird eine Ehe geschieden, weil beide Ehepartner der Überzeugung sind, jeder von ihnen sei im Besitz der einzigen Wahrheit.

Bedacht werden sollte, daß alles nur eine Vorstellung der Wahrheit ist, nicht die Wahrheit selbst. Gegenseitiger Respekt gestattet einem, die Vorstellung zu klären, sich in die Haut des anderen zu versetzen und sich zu erinnern, daß man sich mit einem Freund unterhält, nicht mit einem Feind.

Ob ein Problem nun tatsächlich besteht oder nur in meinem Gehirn lebt, für mich ist es ein Problem. Wenn ich ein Problem wahrnehme, dann ist es eines. Es existiert. Und die einzige Möglichkeit für Bob, zu verhindern, daß aus dem Problem ein Ziegel für die Mauer wird, ist, meine Vorstellung zu akzeptieren und mich anzuhören – mit Verständnis und Liebe, wie ich hoffe – mich aber in jedem Fall wenigstens anzuhören.

7. *Man muß wissen, wann man nicht reden soll – und worüber man nicht reden soll.*

Wir unterhalten uns nicht, wenn einer von uns vor Wut kocht. Wenn ich wütend bin, zieht Bob sich zurück, bis ich mich etwas beruhigt habe und vernünftiger bin. Solange ich nicht bereit bin zuzuhören, wäre ein Gespräch reiner Zeitverlust.

Wir reden auch nicht, wenn einer von uns erschöpft ist. So ein Gespräch erfordert Kraft, und wenn man wirklich müde ist, hat man keine Kraft, das Gespräch wird halbherzig und bringt nichts.

Wir reden nur über Dinge, die uns wirklich beunruhigen. Die kleinen Irritationen lassen wir unter den Tisch fallen. Natürlich muß man sich über größere Probleme unterhalten, wie zum Beispiel, wenn die Zahnpasta offen liegen bleibt (jeden Tag!). Aber Uneinigkeiten bei kleineren Problemen wie Politik und Religion kann man ruhig ignorieren. Ziegel werden aus Zahnpastaverschlüssen gebrannt, nicht aus der Tatsache, daß man für oder gegen den neuen Präsidenten ist.

Zu wissen, wann man nicht miteinander reden soll, ist eine Kunst, doch ist nichts Übernatürliches daran. Es bedarf einer gewissen Sensibilität. Es muß einem wichtig sein, nicht bösartig zu reagieren, wenn man wütend ist, und nicht »Na, warte!« zu spielen. Man muß erkennen, wann die Wahrheit verletzen würde, und sich zurückhalten, bis man soweit ist, die Wahrheit aussprechen zu können, ohne den anderen damit zu verletzen.

Und zum Schluß, nachdem man miteinander geredet (oder nicht geredet) hat, woher weiß man dann, ob man das Problem gelöst hat?

Als ich noch ein Kind war, habe ich meine Schwester Ruth gefragt: »Woher weißt du, daß du dich verliebt hast?«

»Weil ich es eben weiß«, hat sie gesagt.

»Du bist wirklich eine große Hilfe«, habe ich darauf geantwortet.

Aber nur so weiß man es. Die Gefühle haben sich verändert. Etwas ist da, was vor einer Minute noch nicht da war. Wenn man sich selbst fragen muß: habe ich mich jetzt verliebt? – hat man sich noch nicht verliebt. Wenn man sich fragen muß: ist das Problem jetzt gelöst? – ist es auch nicht gelöst.

Man spürt ein Aha, wenn man weiß, das Problem ist gelöst. »Aha! Natürlich! Das ist es!« Plötzlich sind sich beide einig. Man fühlt sich erleichtert, das Herz schlägt in einem anderen Rhythmus. Die Depressionen verschwinden, die Wut verfliegt. Ein Gewicht scheint einem von der Seele genommen. Das Signal steht auf Weiterfahrt, und man ist sich wieder nahe.

Das Problem, das eine Mauer hätte aufbauen können, ist gelöst, weil Sie es ehrlich und mit gegenseitigem Respekt durchgesprochen haben. Sie freuen sich und sind stolz, weil Sie etwas überwunden haben, was Ihre Ehe hätte ruinieren können. Sie sind zusammengewachsen, Ihre Ehe ist stabiler denn je. Sie lernen, mit der Liebe Ihres Lebens zu leben.

Entwicklung – ein Epilog

In diesem Winter bei einer Bürgerversammlung bin ich einfach aufgestanden und habe eine Rede gehalten. Mein Herz raste, meine Stimme schwankte, aber ich hatte das Gefühl, da ist etwas, was ich aussprechen muß, das nie ausgesprochen worden war, und obwohl ich nicht diejenige sein wollte, die es ausspricht, habe ich es doch getan.

Als ich an jenem Abend nach Hause kam, fragte mich Bob, wie die Versammlung verlaufen sei. »Ich habe eine Rede gehalten«, erwiderte ich, als wäre dies das Wichtigste an der ganzen Versammlung gewesen. (Was es für mich natürlich auch war.)

Er war fast genauso erstaunt wie ich, als ich plötzlich vor der Gruppe stand. »Ich wette, du warst großartig«, sagte Bob in seiner typischen Art.

»Nein, ich war nicht großartig«, erklärte ich ihm, »aber es ging.«

Weil wir gerade über Entwicklung reden! Vor einer Gruppe von Menschen aufzustehen – die meisten waren mir fremd – und seine Meinung zu sagen, so als hätte sie irgendeine Bedeutung ... das nenne ich Entwicklung. Ich war stolz auf das, was ich getan hatte, und konnte es kaum erwarten, meine Heldentat mit Bob zu teilen.

Für die meisten Menschen bedeutet es gar nicht soviel Mut, vor einer Versammlung aufzustehen und seiner Meinung Ausdruck zu verleihen – für mich aber ja. Ich mußte schon sehr wachsen, um das tun zu können, und ohne die liebevolle Unterstützung, die ich in meiner Ehe gefunden habe, wäre das auch nicht möglich gewesen.

Als Bob und ich noch jung verheiratet waren, traf ich mich einmal im Monat mit meinen Kollegen vom Reisebüro. Bob hat manchmal daran teilgenommen und hinterher etwa gesagt:

»Warum hast du Ilse nicht vor Stanley in Schutz genommen? Ich finde, er hat sie miserabel behandelt, und nach dem, was du mir so erzählt hast, hat sie meiner Meinung nach ganz recht mit ihrer Argumentation. Wieso hast du dich nicht für sie eingesetzt?« Gute Frage.

Stan und Ilse waren eine explosive Mischung. Fast kein Treffen ging über die Bühne, ohne daß Stan Ilse nicht voller Wut angeschrien hätte, was Ilse sicher jedesmal provoziert hat – wahrscheinlich um sich an ihm zu rächen, weil er sie beim letzten Treffen so angeblafft hatte.

Ich biß die Zähne zusammen und hörte zu. Ich wußte ganz genau, daß Stans Wut seine Urteilskraft trübte, und ob Ilse nun im Recht war oder nicht, immer hat er ein Haar in der Suppe gefunden, um sie anschreien zu können. Aber es war ja nicht mein Hals! Er schrie ja nicht mich an. Nicht daß ich mich bei diesen Szenen wohl gefühlt hätte, doch ehe Bob mitgekommen war, hatte ich mich auch nicht besonders mies gefühlt, wenn ich den Mund hielt.

Bob konnte sich bei diesen Treffen kaum zurückhalten. Er kann nicht ruhig danebenstehen, wenn er das Gefühl hat, eine Ungerechtigkeit geschieht. Und Stans Ungerechtigkeit Ilse gegenüber war so himmelschreiend, daß es schwer für Bob war, kühl zu bleiben. Ein einziges Mal hat er ganz klar seine Meinung gesagt, und alle waren schockiert gewesen. Er entschuldigte sich zwar hinterher, weil es nicht »sein Bier war«, aber es war ihm einfach zuviel geworden.

Als ich anfing, all dies mit Bobs Augen zu sehen, schämte ich mich, weil ich nicht den Mund aufmachte, obwohl ich wußte, daß Stan im Unrecht war. Und so passierte es automatisch, als Stan Ilse wieder einmal zu heftig in die Mangel nahm – und ich wußte, er war im Unrecht –, daß ich mich gegen ihn gestellt habe. Ich wußte ja, wenn ich den Mund aufmache, würde Bob sehr stolz auf mich sein, besonders weil er wußte, wie schwer es mir fiel.

Und so habe ich mich entwickelt, wie ein Kind sich eben entwickelt. Ich war bereit, meinen Kopf hinzuhalten, obwohl ich ruhig und in Sicherheit hätte sitzenbleiben können. Zu diesem Zeitpunkt hatte mein Gerechtigkeitssinn wenig mit der Herausforderung durch Ungerechtigkeit zu tun, sondern nur damit, bei Bob Punkte zu gewinnen.

Bob hat sich eine Regel gesetzt, die er mir folgendermaßen erklärte: »Ich gebe mich nicht mit weniger zufrieden als dem absolut Besten, was ich leisten kann.«

Zuerst brachte ich den Mund nur in Bobs Gegenwart auf. Er gab mir die Kraft, die ich dazu brauchte. Dann geschah etwas Seltsames. Es gefiel mir, wie ich mich fühlte, wenn ich nach meinem Gewissen handelte. Nach und nach genügte mir mein eigener Beifall.

Natürlich möchte ich immer noch, daß Bob auf mich stolz ist, also eile ich nach Hause, von dieser wunderbaren Versammlung, um ihm von dieser (für mich) wundervollen Sache zu erzählen, die ich getan habe. Und ich bekomme einen doppelten Bonus – mein eigenes Gefühl der Zufriedenheit und seine Freude an dem, was ich getan habe.

Genauso, wie ich in meiner Ehe an Kraft gewachsen bin, genauso hat Bob sich verändert. Sein stärkstes Entwicklungsgebiet sind die Kinder. Als Bob und ich geheiratet haben, waren wir Mitte dreißig. Kinder standen nicht im Vordergrund unseres Denkens. Wir waren vollkommen ausgefüllt von der Frische und Vitalität unserer Ehe und unserer beruflichen Karriere. Doch nach einem Jahr stellten wir uns der Wirklichkeit. Wenn wir eine Familie gründen wollten, dann war jetzt der richtige Zeitpunkt. »Ihr werdet nicht jünger«, flüsterten die Stimmen im Hintergrund.

Manche Männer können es gar nicht abwarten, eine Familie zu gründen, doch bei Bob war es mehr eine Sache wie: »Vollkommen richtig. Laß uns darangehen ... morgen.«

Der Grund für seine Zurückhaltung entsprach mehr oder weniger dem, was man in Büchern lesen kann: Verantwortung, weniger Freiheit und ganz einfach altmodische Angst. Natürlich hätte er niemals lediglich deshalb, weil ich eine Familie gründen wollte, oder wegen der gesellschaftlichen Anerkennung ein Kind in die Welt gesetzt, sondern weil ich ein starkes Bedürfnis nach Kindern hatte. Aber als er schließlich sagte: »Ich bin dafür«, geschah dies aus guten, gesunden und liebevollen Gründen.

Wie sich herausstellte, waren wir nicht in der Lage, Kinder zu bekommen. Bobs Bruder Henry schlug uns eine Adoption vor. Daran hatte Bob erst recht lange zu kauen. (Ich übrigens auch.)

»Wir haben uns einzigartig entwickelt«, sagt Bob heute, wenn er an unsere inneren Kämpfe denkt. »Was für den einen eine Kleinigkeit ist, ist für den anderen Agonie. Niemals hätte ich Kinder adoptiert, hätten nicht alle, die uns nahestanden, mit ihrer Hilfe und ihrem Weitblick zur Seite gestanden. Ich war vollkommen ratlos. Ich fürchtete, ein schrecklich unzureichender Vater zu werden. Ich hatte keine Ahnung, wie ich mich in den Prozeß einreihen sollte, sei es, um Windeln zu wechseln, ein Baby zu baden oder es zu füttern. Ich fürchtete, es fallen zu lassen oder es moralisch zu verkorksen. Erst der liebevolle Zuspruch und das Gefühl der Sicherheit, das Dorothy mir vermittelte, machte es möglich. Es war, als könnte ich mir zum erstenmal in meinem Leben sagen, du kannst dich wirklich auf einen Menschen verlassen. Sobald ich in der Lage war, meine Rolle zu akzeptieren, war alles einfach. Die Angst war wie weggeblasen, Befürchtungen und Spannungen waren verschwunden. Ich wußte plötzlich, daß wir zusammen eine phantastische, hinreißende und aufregende Familie sein würden.«

Der Vater wider Willen hat sich zu einem Mann entwickelt, der seine Kinder zärtlich liebt und es sie auch wissen läßt. Als Liza elf und Mark acht Jahre alt waren, mußte ich einige Reisen zu meinem Vater nach Florida machen. Wie es sich gehörte, machten die Kinder traurige Gesichter und sagten all die richtigen Worte, wie sehr sie mich vermissen würden und so weiter.

»Aber wir werden viel Spaß mit Daddy haben«, sagte Mark.

»Genau!« stimmte Liza zu. »Er wird uns wie verrückt verwöhnen.«

Einige Wochen nach dieser Feststellung war Vatertag. Mark

hatte ein einzigartiges Geschenk für Daddy. Er hatte ein paar alte Kleidungsstücke genommen – Hosen, Hemden, Socken und Handschuhe –, mit Farbe ein Gesicht auf ein Kopfkissen gemalt, den Rest mit Zeitungspapier ausgestopft und eine Puppe in seiner Größe fabriziert. Die hat er Daddy stolz präsentiert. Sie war einfach anbetungswürdig, und Bob war hingerissen.

»Wie heißt die Puppe?« fragte ich Mark.

Er dachte einen Augenblick nach. »Bobby«, sagte er. »Weißt du, wenn ich eine Puppe mache, nenne ich sie immer nach jemandem, den ich wirklich liebhabe.«

Die Ehe ist wie ein Garten und die Liebe die Nahrung, die er braucht und die einem hilft, alle seine Möglichkeiten zu entwikkeln. Eine erfolgreiche Ehe hilft einem, auch in der Außenwelt Erfolg zu haben.

Als Mark in der zweiten Klasse war, hatte er Schwierigkeiten mit dem Lesen, was nicht nur seinen Lernprozeß, sondern auch sein Benehmen beeinflußte. Die Spezialistin für Lesen in der Schule prüfte ihn und gab uns einen erstaunlichen Rat. »Was können wir tun«, fragten wir sie, »um ihm beim Lernen behilflich zu sein?«

»Warum lassen Sie ihn nicht Schlittschuhlaufen lernen?« schlug sie vor. »Ich nehme an, das lernt er schnell und wird ihm ein Gefühl des Selbstvertrauens geben, was sich auf seine Schularbeiten übertragen kann.«

Die Ehe hat uns dieses Selbstvertrauen gegeben. Sie hat uns beiden geholfen, in unserer Arbeit zu wachsen. Obwohl Bob ganz gewiß auch vor der Ehe gut war in seinem Beruf, ist er heute besser und effektiver geworden. Diese Kraft fördert seine Unabhängigkeit, er hat keine Angst mehr.

Vor kurzem wurde er eines Tages gebeten, eine große Firma zu vertreten. Er hat abgelehnt.

»Wir vertreten alle möglichen Firmen, manche mag man, manche nicht, ich habe noch nie eine Firma abgelehnt – aber diese konnte ich einfach nicht übernehmen. Von meiner Einstellung her entsprach sie nicht meiner Kragenweite.«

In der Werbung, wie überall sonst auch, lehnt man für gewöhnlich nicht ab, wenn der Chef einen um etwas bittet. Zum Glück arbeitet Bob bei einer Firma, die ihre Angestellten respektiert. Doch selbst mit diesem Wissen im Hintergrund hätte jeder andere ja gesagt, auch wenn es gegen seine Prinzipien wäre. Nennen Sie es Angst, nennen Sie es Vernunft (wenn ich es nicht tue, tut es jemand anderer), eine andere Agentur übernimmt die Firma todsicher. Bob hat es nicht getan. Das bedeutet nicht, daß Bob nie Angst hat, aber auf die Waage gestellt ist Bob wahrscheinlich der furchtloseste Mann in der Firma.

»Es stimmt, daß ich mich in meiner Einstellung zur Arbeit entwickelt habe«, sagt Bob. »Aber das ist nicht in einem Vakuum geschehen. Ich bin der Meinung, daß jede Ehe dieser Art von Unterstützung gewähren muß.«

Jeder gewinnt, wenn man in einer Ehe zusammenwächst. Jedesmal, wenn ich einen Schritt nach vorne mache, weil ich die Kraft seiner Liebe spüre, jedesmal, wenn Bob etwas tut, was mich stolz auf ihn macht, wissen wir tief in unserem Herzen, daß wir etwas Gutes für uns und für den anderen getan haben. Wir sind stolz aufeinander, unsere Ehe wächst. Wir kommen einander näher, werden erwachsener, zärtlicher und liebevoller.

Vor zwei Jahren stand ich vor einer Krise. Mark war nun den ganzen Tag in der Schule, ich hatte nach zehn Jahren Haushalt Zeit, etwas anderes zu tun. Aber was? Was würde aus mir werden, wenn ich alt bin?

Ich war beunruhigt und wahnsinnig deprimiert. Ich wußte nicht, was ich mit meinem Leben anfangen sollte. Sollte ich ein Feld zurückgehen? Etwas Neues lernen? Aber was?

An einem Sonntagabend unterhielten Bob und ich uns darüber, kamen jedoch auf keinen grünen Zweig. Es wurde Montagmorgen. Wir waren in der Küche. Es war Zeit für Bob, an die Arbeit zu gehen. Ich war so daneben, daß ich Orangensaft in meinen Kaffee schüttete und Milch über Marks Pfannkuchen goß. Bob stellte seine Aktentasche weg, zog seinen Mantel aus und schloß mich in die Arme.

»Ich gehe heute nicht ins Büro. Ich bleibe zu Hause, wir können uns unterhalten.«

Er rief im Büro an, hinterließ einen Rattenschwanz schreiender Sekretärinnen und Klienten, und wir setzten uns hin und redeten. Gemeinsam entdeckten wir, daß ich mir mehr als alles andere auf der Welt wünschte, ein Buch zu schreiben, und daß ich nichts mehr auf der Welt fürchtete, als ein Buch zu schreiben. Bobs Unterstützung gab mir Mut, mich meinen Ängsten zu stellen.

Eben weil Bob mein Freund ist und weil er danach entscheidet, was für ihn Vorrang hat – die Bedürfnisse eines Freundes sind eben vor den Belangen des Büros einzuordnen –, war ich in der Lage, ein lebenswichtiges Problem zu lösen und die Kraft zu finden, meinen Entschluß in die Tat umzusetzen.

Dieses Buch ist das Resultat.

Mavis Klein

Ein Mensch für mich
Wege zu Freundschaft, Liebe und Partnerschaft.
160 Seiten, gebunden

Aus der Entscheidung für den falschen Lebenspartner entstehen in vielfältiger Weise die Gründe für das Scheitern vieler Ehen und Partnerschaften. Die Psychotherapeutin Mavis Klein sieht die Fehler, die zu dieser falschen Partnerwahl führen, in vielen Fällen bereits in der Kindheit angelegt, denn schon im Kindesalter werden wir zu Persönlichkeitstypen geprägt. Die Autorin unterscheidet fünf solcher Typen: den Vollkommenheitsfanatiker, den Entsagertyp, den Hartnäckigen, den Demütigen und den Antreiber. Durch Sprache, Ausdruck und Körpersprache ist es nicht schwer, Mitmenschen nach diesen Gesichtspunkten zu charakterisieren. Mavis Klein zeigt hier die Methoden der Transaktionalen Analyse zur Selbsterkenntnis und Einschätzung des anderen, die eine richtige Entscheidung für einen passenden Partner erleichtern, um weitgehend konfliktfrei eine dauerhafte Beziehung eingehen zu können. Sie macht deutlich, daß wir trotz vieler Schwierigkeiten nicht auf Freundschaft, Liebe und Partnerschaft zu verzichten brauchen.